कल सुनना मुझे

कल सुनना मुझे

धूमिल

वाणी प्रकाशन

वाणी प्रकाशन

4695, 21-ए, दरियागंज, नयी दिल्ली 110 002

फ़ोन : +91 11 23273167 फ़ैक्स : +91 11 23275710

शाखाएँ

अशोक राजपथ, पटना 800 004, बिहार

कॉफ़ी हाउस कैम्पस, महात्मा गांधी मार्ग, इलाहाबाद 211 001, उत्तर प्रदेश

महात्मा गांधी अन्तरराष्ट्रीय हिन्दी विश्वविद्यालय, वर्धा 442 001, महाराष्ट्र

सुल्तानिया रोड, मोतिया पार्क, भोपाल 462 001, मध्य प्रदेश

www.vaniprakashan.com
marketing@vaniprakashan.in
sales@vaniprakashan.in

Kal Sunna Mujhe
by Dhoomil

ISBN : 978-81-7055-627-5
Collection of Poems

संस्करण 2003, 2010, 2014
चतुर्थ संस्करण 2021

मूल्य : ₹ 295

आर. टेक ऑफ़सेट प्रिंटर्स, शाहदरा, दिल्ली-110032

वाणी प्रकाशन का लोगो मक़बूल फ़िदा हुसेन की कूची से

अनुक्रम

प्रस्तावना
(प्रथम संस्करण से)

'शब्दों को खोलकर रखनेवाले' युवा कवि धूमिल का यह कविता संग्रह 'कल सुनना मुझे,' उनके आज-भरे जीवन का 'कल', प्रकाशित हो रहा है, जब वे 'अक्षरों के बीच' गिरे तो गिरे ही रह गए, उनका काव्यमय सूक्ष्म शरीररूपी अश्व 'मुँह में लगी लोहे की लगाम' को झिटककर दूर दिगन्त में उड़ गया। 'धूमिल' अपने जीवन-काल में न निकटता, न दूरी केवल एक सहज आदर का रिश्ता बनाए रहे, शायद इसलिए कि मैं उनके साथ कन्धे में कन्धा मिलाने का दम नहीं भर सकता था। न कभी पीठ पर शाबाशी दे सकता था और न उनके साथ कभी तर्क में उलझने के लिए प्रस्तुत हो सकता था। शायद इसलिए भी, कि मैं भी बज्र देहात का था। वे भी देहात के थे और देहात का आदमी उम्र में बड़े आदमी को, चाहे वह निरक्षर हो, चाहे वह अपने से छोटी जाति का भी हो, छोटे पद पर हो, आदर देता ही है। 'धूमिल' की भाषा के लिए हो सकता है, मैं निरक्षर रहा होऊँ, उनकी आक्रोशमय जाति की नजर में कम आक्रोशवाला रहा होऊँ। पर उम्र में उनसे बड़ा था, इस माने में भी कि गाँव से नजदीक का रिश्ता मेरा और अधिक लम्बे अरसे का था। इसलिए 'धूमिल' मुझसे कभी उलझे नहीं, अक्खड़ होते हुए भी मेरे आगे अनावश्यक प्रणामी मुद्रा अपनाए बगैर विनीत थे और कभी भी उन्हें किसी कविता-पाठ की गोष्ठी के लिए घर बुलाऊँ, तो आ जाते थे।

अब आज उनके प्रयाण के बाद उनकी कविताओं के संकलन पर प्रस्तावना लिखते समय मन में जाने कैसा लगता है उनके जीते लिखता तो मन में गर्व होता कि धूमिल मुझसे कह रहे हैं कि प्रस्तावना लिख दीजिए, वे चले गए, तब कन्हैया (धूमिल के छोटे भाई)के कहने पर यह प्रस्तावना लिखने जब बैठा हूँ, तो होता है कि जिसे मेरी स्मृति में एक क्षण उदास होने का हक था, उसकी स्मृति में मुझे कुछ लिखना पड़ रहा है। 'धूमिल' की मृत्यु का समाचार लेकर वशिष्ठ

मेरे पास आए, पूछा, आपकी कोई प्रतिक्रिया है। मैंने यही कहा था कि इस समय प्रतिक्रिया व्यक्त नहीं कर सकता, पर 'धूमिल' की स्मृति को लोग पर्व बनाकर उनका कृतित्व न मारें, क्योंकि कृति के रूप में 'धूमिल' आज भी हैं, कल भी रहेंगे। उनके जबड़े जाम नहीं थे, उनको आशा थी कि देश में देश के प्रयत्न से खुशहाली आएगी, बच्चे को भर पेट दूध मिलेगा और उन्हीं के शब्दों में :

जब दूध के पौधे झर रहे हों सफ़ेद फूल
निःशब्द पीते हुए बच्चे की जुबान पर

तब उन्हें सुनना अधिक सार्थक होगा।

कन्हैया ने पहले इस संग्रह का नाम रखा था 'दस्तक', पर मैंने ही सुझाव दिया कि दस्तक देनेवाला रहता, तो यह नाम ठीक था, अब तो इसकी पुकार की गूँज रह गई है, नाम 'कल सुनना मुझे' रखो, यही ठीक रहेगा। कन्हैया ने मान लिया, मैं कृतज्ञ हूँ। 'धूमिल' के इस कविता-संकलन की कविताएँ न जाने किन कोनों-अँतरों से उद्धार करने का कार्य कन्हैया और राजशेखर ने किया है। राजशेखर ने बड़े आवेश में प्रारम्भिक वक्तव्य भी तैयार किया। उसे कुछ मैंने नरम कराया, मुझे लगा था, कि धूमिल को जीते जी किसी की सहानुभूति या किसी का बढ़ावा बर्दाश्त नहीं था, मरने पर ही क्यों इस तरह की कोशिश की जाए कि मरने के कारण उनकी ओर उन्मुख हों, उनकी कृति अपने आप आज नहीं कल लोगों की जबान पर होगी और मैं धूमिल के संघर्षमय जीवन का लेखा न देकर (क्योंकि यह काम राजशेखर ने कर दिया है) उनकी कविता के बारे में दो शब्द लिखूँ, दोनों ने यह आग्रह किया।

धूमिल की कविता के बारे में कहने के पहले इस कविता की भाषा के बारे में कुछ कहना जरूरी हो जाता है, सिर्फ इसलिए नहीं कि भाषा से मेरा पेशाई सरोकार कुछ ज्यादा है, बल्कि इसलिए अधिक कि धूमिल ने भाषा से सरोकार अपने समकालीन बहुत से रचनाकारों से कुछ ज्यादा रखा। यह भाषा से सरोकार चौंकाने के लिए नहीं है, न आंचलिक या भदेसी छटा देने के लिए है, यह सरोकार है—जीवन में सम्पृक्त व्यक्ति के खुरदुरे पर कारगर अनुभव को उसके अनुरूप आक्रामक अभिव्यक्ति देने के लिए। कहीं-कहीं मुझे यह आक्रामकता कुछ अतिरिक्त लगती है, शायद यह उतावले धूमिल की लाचारी रही हो कि वे अपने को रोक नहीं सकते थे, यहाँ तक कि जब वे अपनी दैहिक यन्त्रणा से हारने लगे, तब भी यह आक्रामक-भाव नहीं जाता;

'मेरा जीवन लार टपकाती हुई नेकर का नाड़ा है
मुझे मेरे दर्द ने पिछाड़ा है।'

पर धूमिल की जबान का तीखापन एक जगह झुक जाता है। धूमिल मूलतः घर-बारी इंसान हैं, घर से, माँ से, घरनी से, बच्चों से उनका लगाव गहरा है, इसलिए सारी दुनिया पर उन्हें क्रोध आता है, खीझ होती है, खुद अपने पर खीझ होती है :

मेरे गाँव में
वही आलस्य, वही ऊब
वही कलह, वही तटस्थता
हर जगह और हर रोज़
और मैं कुछ नहीं कर सकता
मैं कुछ नहीं कह सकता

पर उन्हें एक आशा बराबर सहलाती रहती है, अनागत की एक 'खिलखिलाहट' उनके 'बंगल में उभरती' रहती है।

चालाक गिलहरियों का पीछा करती हुई दुधमुही 'तिनी'
(मेरी बच्ची) किलक उठी है
मैं चौंक पड़ता हूँ–
नहीं–इन दिनों बात-बात पर
इस तरह उदास होना
ठीक नहीं है
मैं देखता हूँ–मुझे बरजती हुई
उसके चेहरे पर खुली हँसी है–
जिसमें एक भी दाँत
शरीक नहीं है।

जिन लोगों ने धूमिल की फ़ोश भाषा का बहुत जिक्र किया, उन्हें ऊपर की पंक्तियाँ ध्यान से पढ़नी चाहिए। दन्तहीन शिशु की किलकारी (अत्यन्त अहिंस्र सहज उत्फुल्लता) ही धूमिल का वास्तविक चित्र है। यौन और ऊपर से वीभत्स लगनेवाले बिम्ब, प्रतीक और सादृश्य विधान तो उनकी भाषा को चौखटा देनेवाले हासिया मात्र हैं। धूमिल मन से इतने स्वस्थ थे कि समूची सामाजिक व्यवस्था के अस्वास्थ्य को सह नहीं पाते थे और मन तो अन्त तक बाहरी अस्वास्थ्य के दबाव को अस्वीकार करता रहा, पर शरीर इस दबाव को नहीं झेल सका और उसी कारण धूमिल के कवि को यह लगता है :

पता नहीं कितना अन्धकार था मुझ में
मैं सारी उम्र चमकने की कोशिश में
बीत गया।

सारी उम्र चमकने की कोशिश में धूमिल का एक भी शब्द (यहाँ तक कि पीतल का शब्द भी) मैला या पीला नहीं रहने पाया, वह भी माँज कर चमका दिया गया। ग़रीबी के चित्र गैर-ग़रीब लोगों ने खींचे हैं, ग़रीबी में झिलनेवालों ने खींचे हैं, पर ग़रीबी की भाषिक सम्पन्नता में जीनेवाले शायद अकेले धूमिल हैं, जिनकी 'करछुल बटलोही से बतियाती है' (क्योंकि बात-बात है, वहाँ और कुछ है नहीं) 'चिमटा तवे से मचलता है' जिनके घर 'चूल्हा (मन का ताप) कुछ नहीं बोलता, चुपचाप जलता है और जलता रहता है,' वहाँ पहले 'थाली खाती है', तब आदमी 'रोटी खाता है'। इस अभाव की दर्दनाक परिणति यह होती है कि आदमी को घर से बाहर निकल जाने पर लालबत्तीवाले चौराहे पर जब वह रुकता है, तो 'हौले से एक दर्द हिरदै को हूल' जाता है :

ऐसी क्या हड़बड़ी कि जल्दी में पत्नी को
चूमना—
देखो, फिर भूल गया।

ग़रीबी इसलिए और अधिक दुस्सह हो जाती है कि वह मानवीय संवेदना को भी छीनने दौड़ती है। 'मृच्छकटिक,' लिखनेवाले ने भी ग़रीबी के इस पहलू को बहुत महत्त्व दिया। धन जाने का सोच नहीं, धन का अभाव प्रियजनों का मोह भी खा जाता है, यही जलन ज्यादा है। इस दर्द का एहसास धूमिल को है, इसलिए वे ग़रीब नहीं हैं, वे सुदामा नाम से हैं, पर वे महल से अपनी कुटिया का हेर-फेर करने को तैयार नहीं, क्योंकि महल हो, तो सबके लिए, और महल हो भी तो क्या आज के गाँव की मानवीय यन्त्रणाओं का समाधान कर सकेगा, वह तो उस यन्त्रणा का ऐसा साझीदार ही कर सकता है जो सोचता है :

यद्यपि
उनकी ज़रूरतों के लिए मैं अपना पूरा कन्धा
दे देना चाहता हूँ
मगर टूटते हुए परिवार में
धनुषटंकार झेलते हुए जवान बछड़े-सा
कराहता हूँ।
मेरे गाँव में
वही आलस्य, वही ऊब
वही कलह, वही तटस्थता
हर जगह और हर रोज¨
और मैं कुछ नहीं कर सकता।

धूमिल की भाषा लड़ाई की भाषा है जरूर पर इस लड़ाई में अकेलेपन की

एक बिथा है, क्योंकि धूमिल नकली लड़ाइयों के ख़िलाफ़ हैं, वे हर नकलीपन के ख़िलाफ़ हैं :

चुटकलों-सी घूमती लड़कियों के स्तन
नकली हैं, नकली हैं युवकों के दाँत।

कोमलता और वीरता दोनों जब नकली हों, तो कवि को कल का भरोसा होता है, जब :

खटकर (कमाकर) खाने की खुशी
परिवार और भाईचारे में
बदल रही हो।

इसलिए ज़िन्दगी भर मौत से जूझने का सम्बल धूमिल के साथ रहा। धूमिल की कविता भी बुनियादी तौर पर केवल व्यवस्था से नहीं जूझती, व्यवस्था की अमानवीय परिस्थिति से जूझती रही। उसकी आक्रामकता में जहाँ एक ओर लाचारी है, वहीं दूसरी ओर भविष्य के दिगन्त तक गूँज उपजानेवाली टंकार भी है। वह एक दस्तक देती है। यह सूचित करने के लिए कि :

हम न देखें
लेकिन अन्धकार वर्ष को चीरकर
प्रकाश की लचीली बाँहें
हमें छूती हैं।

मुझे धूमिल की कविता 'प्रकाश की लचीली बाँहों' के रूप में सबसे अधिक छूती है और भीतर यह होता है कि धूमिल की भाषा में कुछ शहरीपन मिल भी जाए, शहरी यारों की सोहबत की बदौलत, पर उनकी भावभूमि ठेठ भदेसी है, निखालिस हिंदुस्तानी है, गाँव का सही आदमी जिन्दगी में इतना गर्क है, इसीलिए वह ज़िन्दगी का मज़ाक भी उड़ा सकता है। वह ज़िन्दगी से तटस्थ होकर, ज़िन्दगी के बारे में सोच सकता है, वह अपनी ज़िन्दगी तो जीता ही है, दूसरों की ज़िन्दगी जी सकता है। धूमिल भी ज़िन्दगी की गहरी ममता के लिए ही इतने निर्मम हैं कि कभी-कभी लोग उन्हें गलत समझते हैं, उन्हें नारेबाज समझते हैं, उन्हें एक झपताल बजानेवाला नक्शेबाज़ कवि समझते हैं, पर जो भी उनकी निर्ममता, उनकी भाषा के तीखेपन, उनके आवेश के अभिप्राय तक जाने की कोशिश करेगा, उसे दिखेगा कि धूमिल की कविता में बिल्कुल अबोध देहाती माँ का छलकता हुआ वात्सल्य है, और सारी चीजें उस वात्सल्य के लिए कवच मात्र हैं। धूमिल के अकरुण आलोचक ऐसी पंक्तियाँ अनदेखी कर जाते हैं जो मानवीय सम्बन्धों के टूटने का दर्द बड़ी सादगी से अभिव्यक्त करती हैं :

रात जब युद्ध एक गीत-पंक्ति की तरह
प्रिय होगा हम वायलिन को
रोते हुए सुनेंगे
अपने टूटे सम्बन्धों पर सोचेंगे।
दुखी होंगे।

जब कोई धूमिल की भाषा की अशिष्टता की बात मुझसे करता है, उसके अदम्य अहंकारी रूप की शिकायत करता है, तो मुझे अपने छोटे भाई की याद आती है, जो बहुत तेज, बहुत शरारती, बहुत ऊधमी था, मचलता था तो आसमान सिर पर उठा देता था, पर मृत्यु–शय्या पर उसने अपने बाबू (मुझे बाबू कहता था) की याद की, अकेला मैं था, जिससे वह दबता था और उसको सबसे अधिक मुझसे आत्मीयता थी। धूमिल की कविता की चर्चा करते समय मुझे उसका ऊधमी रूप भूल जाता है, केवल उस कविता की आत्मीयता आँखों को नम करने लगती है। तब कुछ नहीं सूझता, बस यही होता है, यह आत्मीयता पूस की धूप की तरह इतनी संक्षिप्त क्यों थी, क्यों जलानेवाले दिन ही लम्बे होते हैं, क्यों ?

1-1-77

–विद्यानिवास मिश्र

मरणोत्तर धूमिल : एक कथा-यात्रा

दुखी मत हो। यह मेरी नियति है।
मैं हिन्दुस्तान हूँ। जब भी मैंने
उन्हें उजाले से जोड़ा है
उन्होंने मुझे इसी तरह अपमानित किया है
इसी तरह तोड़ा है। [पटकथा]

मरणोत्तर धूमिल की यह 'ट्रेजडी' समकालीन कविता के 'मिरर' में आज के नौजवान हिन्दुस्तान का एक जलता हुआ सवाल है। अपने भीतर की सारी कड़वाहट और बेचैनी से जूझता हुआ, मैं भारी कदमों से छमहुवाँ घाट की ओर बढ़ रहा हूँ। मेरे साथ कवि रामेश्वर त्रिपाठी है। बीमारी से पहले, अपनी आखिरी मुलाकात में धूमिल ने मुझसे कहा था–"किसी दिन मेरे घर आओ, तो जमकर बातें करेंगे।" भोजूबीर गोपाल की चाय की दूकान में हम आमने-सामने बैठे थे। मैं उसकी 'पटकथा' पर अपनी प्रतिक्रिया व्यक्त कर कहा था। मेरी पकड़ पर वह बहुत खुश था और बातों की रौ में बोलता चला जा रहा था–"लोग मेरी कविताओं को सही ढंग से नहीं समझ पा रहे हैं। सचमुच जैसा तुम कह रहे हो 'पटकथा' को पढ़कर आँखें गीली हो जाती हैं और भीतर एक भयानक-ठंडी क्रूरता का बोध होता है। जिसे लोग आज नहीं महसूस कर रहे हैं, उसे कल समझेंगे। तुम मेरी कविताओं पर अपना विचार दो।" किन्तु अफ़सोस, मैं उसकी इस छोटी-सी माँग को उसके जीवन-काल में पूरा नहीं कर सका। हममें से कौन जानता था–छमहुवाँ घाट के किनारे खड़े नौजवान बरगद के मजबूत तने-सा धूमिल का चौड़ा कन्धा अकस्मात् हमारी बगल से गायब हो जाएगा और सीने में उसकी मौत का तल्ख़ एहसास लिए हुए हमें खेवली की यात्रा करनी होगी।

ख़ामोशी और अपने अन्धकार के बीच से गुजरते हुए हम छमहुवाँ घाट के

किनारे खड़े हैं। उस पार– शाखों से झूलती जड़ों से जमीन पकड़ने की छटपटाहट लिए, बरगद का दरख्त खामोश खड़ा है। बरगद धूमिल के जुड़वाँ भाई-सा कद्दावर और मजबूत है। डोंगी पर बैठे मल्लाह को हाथ देकर हमने इस पार बुला लिया है।

"दादा, सुदामा पांडेय का घर यहाँ से कितनी दूर है ?" हम डोंगी पर बैठे मल्लाह से सवाल कर रहे हैं। सुदामा पांडेय के नाम पर मल्लाह खामोश वरुणा की धारा में खो गया है। आबनूस की काली मूरत-सा गठीला अधेड़ मल्लाह, अपना आँसू छिपा रहा है। वह जानता है–मर्द रोते नहीं। जानबूझकर हम उसे कुरेद रहे हैं, ताकि खामोशी तोड़कर, वह कुछ बोले। कई बार पूछने पर, वह बोल रहा है–"भइया भगवान हमहन पर गजब गिरा देहलन। अब हम गरीबन के खेवनहार इहवाँ कोई नाहीं रह गयल।" अनजान बनकर हम धूमिल के बारे में अधिक से अधिक जानकारी हासिल करने के लिहाज़ से उससे तरह-तरह के सवाल कर रहे हैं और ढली उम्र का कद्दावर पंचम बोलता चला जा रहा है–"गरीबन क देवता मर गयल भइया, अब गाँव में हमहन के खातिन लड़ेवाला कोई नाहीं हउवै।"

* * *

कविता से बाहर अपनी सरज़मीन पर खड़े धूमिल के व्यक्तित्व की यह एक खास पहचान है। धूमिल खुद में एक सवाल है। कविता के भीतर और कविता से बाहर अपने इस सवाल से वह बराबर जूझता रहा। हमदर्द चेहरों की तलाश के बावजूद वह जानता था–

हमदर्दी
चेहरे से आँसू और चमड़ा
बटोरती है।

[हत्यारी सम्भावनाओं के नीचे]

इसलिए बहुत सारे हमदर्द चेहरों के बीच भी वह अपने संघर्षों में एकदम अकेला था, क्योंकि उसे एहसास था–

शब्दों के पीछे
कितने चेहरे नंगे हो चुके हैं
और हत्या अब लोगों की रुचि नहीं
आदत बन चुकी है [कविता]

लोगों की इस नृशंस आदत के ख़िलाफ़ उसके व्यक्ति का तना हुआ

वजनदार घूँसा उसके प्रतिवाद का एक तगड़ा सबूत रहा है। सामाजिक क्रूरता के घेराव में वह नए मानव-मूल्यों के लिए बराबर लड़ता रहा। कन्नन से लेकर साहित्यिक महन्तों के अगम-सिद्धालयों के कूटस्थ-कपाटों तक—अस्तित्व का यह संघर्ष व्यक्ति के रूप में मात्र धूमिल का ही नहीं, बीसवीं शताब्दी की सृजनशील, शोषित और उत्पीड़ित मेहनतकश जनता का अपना इतिहास है। कलम के एक सिपाही की हैसियत से, उसमें वर्तमान की वस्तुगत परिस्थितियों की समझ है। एक जिम्मेदार रचनाकार की तरह वह समाज की पशुप्रवृत्तियों पर सांघातिक चोट करता है और कविता की भाषा में अपनी सहज आत्मीयता से इन छद्मवेशी पशु आचरणों के पीछे छिपे सामाजिक तथ्यों का उद्घाटन करता है किन्तु अपनी सामाजिक विवशताओं और संस्कारगत-मनोगत वादी अवधारणाओं के कारण वह अन्तर्विराधों की वर्गीय अन्तर्वस्तु को अमूर्त छोड़ देता है। उसका यह भाववादी-अवैज्ञानिक अर्न्तद्वन्द्व उसकी अधिकांश कविताओं में स्पष्ट है—

भूख ने उन्हें जानवर कर दिया है।
संशय ने उन्हें आग्रहों से भर दिया है।
फिर भी वह अपने हैं
अपने हैं
अपने हैं
जीवित भविष्य के सुन्दरतम सपने हैं [पटकथा]

अपनी मार्क्सवादी समझ के बावजूद यूटोपियन-मूल्यों के प्रति इतनी गहरी आस्था रखनेवाला व्यक्ति धूमिल अपने आप में समाज द्वारा कितना उत्पीड़ित रहा, यह अपने संदर्भों में एक दर्दनाक कहानी है।

* * *

जान-बूझकर गाँव में भटकते हुए, हम धूमिल के पम्पिंग सेट (पाही) पर आ पहुँचे हैं। हम जनता के बीच धूमिल के सही व्यक्तित्व की तलाश कर रहे हैं। पूरे गाँव में, कवि के रूप में धूमिल को कोई नहीं जानता था। उसकी मौत के बाद, रेडियो ब्राडकास्टिंग से लोगों ने यह महसूस किया कि उनके बीच से एक बड़ा आदमी उठ गया है। चारपाई पर एक कमसिन उम्र का किशोर बैठा है। पूछने पर बताता है—"मैं धूमिल जी का पुत्र रत्नशंकर हूँ"। कच्ची उम्र में पिता की मृत्यु के धक्के ने, कितना संजीदा बना दिया है इस किशोर चेहरे को। रत्नशंकर के साथ हम घर के दरवाजे पर आ गए हैं। आस-पास के वातावरण में एक शोकपूर्ण सन्नाटा है। परिवार के सदस्यों के बीच हम घिर गए हैं। माँ और चाची ने हमें बाँहों में छान लिया है। करुण विलाप के क्रन्दन में हम सब

पिघलकर जम गए हैं—"एक्कै सरिरिया सागर मथत रहले बघवाऽऽ"—माँ का दूध झूठ नहीं बोलता। धूमिल चाची और माँ की आँखों में बाघ था। वस्तुतः सफेदपोश अपराधियों और अत्याचारियों के लिए वह एक क्रुद्ध बाघ था। खेवली से आइ.टी.आइ. की लम्बी दूरी, पट्टीदारों के अट्ठारह-बीस जाली मुकदमों का सन्त्रास; लंका, अस्सी, गोदौलिया से लेकर नवाबगंज तक की बैठकों में बारह-एक बजे रात तक मानसिक तनाव झेलते हुए, साहित्यिक हथकंडेबाजों से जूझना और फिर रातभर जमकर कविता लिखना। अकेले शरीर सागर-मन्थन नहीं तो और क्या है ? माँ के आँसू झूठ नहीं बोलते।

पाला लगे मटर के खेत-सा सारे परिवार का चेहरा मुर्झा गया है। रामेश्वर रो रहा है। ऐसी बहुत सारी मौतों से गुजर कर, मेरी आँखें सूख गई हैं।

गहराइयों में उतरकर दर्द खामोश हो जाता है। पूरा परिवार हमारे सामने है, सिर्फ कन्हैया (धूमिल से अनुज) घर पर नहीं हैं। खारे समन्दर की गहराइयों से झाँकती चाची की आँखों में शिशु धूमिल का एलबम है। चाची ने अपने हाथों धूमिल के इस्पाती ढाँचे को गढ़ा है। लोहे को राख होते कितनों ने देखा है ? परिवार के सिर से धूमिल की मजबूत बाँहों का साया उठ गया है। मौत की चट्टान से टकराकर, शीशे की तरह—

एक समूचा और सही वाक्य
टूटकर
बिखर गया है [पटकथा]

वस्तुतः—
सोच में डूबे हुए चेहरों और
वहाँ दरकी हुई जमीन में
कोई फ़र्क नहीं है [खेवलो]

जीवन-मूल्यों से पृथक् साहित्य की बात करना, अपने आप में एक बहुत बड़ा 'फ्राड' है। करोड़ों मेहनतकश लोगों की तरह साहित्यकार भी सामाजिक निर्माण में लगा हुआ एक साधारण आदमी है। उसे भी औरों की तरह रोटी के लिए अपना खून-पसीना एक करना पड़ता है। शोषण और सामाजिक षड्यन्त्रों के विरुद्ध लड़ना पड़ता है। वह बादलों की दुनिया में ख़्वाब बुननेवाला फ़रिश्ता नहीं होता। वह यथार्थ की ठोस धरातल पर खड़ा, अपने वक्त का जागरूक प्रहरी होता है। अपने समूचे परिवेश में धूमिल इस ठोस धरातल पर मजबूती से खड़ा है। जहाँ तक उसके वैचारिक अन्तर्विरोधों का प्रश्न है—आज के दौर में, हर किसी के भीतर वह किसी न किसी रूप में मौजूद है।

शाम गहरा गई है। थके सिपाही से कलपते हुए परिवार को छोड़कर हम वापस लौट रहे हैं। कन्धों पर नए दायित्वों और संकल्पों का बोझ है। लोकनाथ हमें गाँव की सरहद तक छोड़कर अमराई में बैठा माथा पकड़कर रो रहा है। लखनऊ मेडिकल कालेज के आपरेशन थियेटर से बेड नं. 2 तक के मर्मान्तक दृश्य उसकी आँखों के सामने हैं...

आखिरी और आखिरी बार। स्टैण्ड से
उल्टी बोतल में
रबर की एक लम्बी नली से वह
सरक रहा था धीरे-धीरे
मृत्यु के ख़िलाफ़। छापामार
दस्ते के अगुआ की तरह
देह के जंगल में
जहाँ मौत ने अपना खेमा
गाड़ रहा था।

[खून के बारे में कविता]
12 मार्च, 1975

* * *

घर मैंने छोड़ दिया
कोई मूल्यवान चीज मैंने नहीं छोड़ी
जो अब बाद में
आयेंगे मेरी याद में,
मुझसे अच्छे बनेंगे।
चुकने के बाद–
जितना बचेंगे
कुछ नया रचेंगे।

[मेरे बाद]

अनजाने धूमिल की कविताओं की रक्षा का सवाल हमारे सामने आ गया है। समकालीन रचनाधर्मिता के सन्दर्भ में धूमिल का सारा कृतित्व एक ऐतिहासिक दस्तावेज है। हिन्दी कविता के रचनात्मक विकास की प्रक्रिया में यदि यह श्रृंखला टूट कर बिखर गई तो यह एक अपूरणीय राष्ट्रीय क्षति होगी। निराला और अज्ञेय के बाद की समूची पीढ़ी के श्रृंखलाबद्ध रचनात्मक संघर्षों और उपलब्धियों को क्रमबद्ध रूप से समझने के लिए धूमिल की सम्पूर्ण कृतियों का मूल्यांकन नितान्त आवश्यक है। पाँच-सात कविताओं को छोड़कर पांडुलिपि की शक्ल में उपलब्ध धूमिल की सारी कविताएँ धृतराष्ट्र-लिपि की पर्याय हैं। भुस

में सुई खोजने जैसा काम है। संग्रह के रूप में तैयार की गई धूमिल की कई पाण्डुलिपियाँ ग़ायब हैं। धूमिल के कुछ मित्रों के पास बहुत-सी कविताएँ व डायरी सुरक्षित पड़ी हैं। हमारा आग्रह है कि हमारे मित्र धूमिल के क्लासिक को नष्ट होने से बचाएँ। क्योंकि धूमिल अब हमारे लिए यादगारों की एक मीनार है। इस मीनार को क्षतिग्रस्त करना, अपने व्यक्ति को क्षतिग्रस्त करना है।

और तुम कहते हो कवि एक सुंदर बग़ीचा है
जिससे अपने लिए तुम एक शब्द-फूल
तोड़ सकते हो। तोड़ो,
मगर मत भूलो कि इस बगीचे को
एक आदमी ने अपने खून से सींचा है।

[मैं हूँ]

15 मार्च, 1975

*　　　　*　　　　*

जाड़े की सर्द सुबह है। खेत, बाग़ और टीले सिर से पाँव तक कुहरे में डूबे हुए हैं। माँ की ममता-सी वरुणा अपने दर्द की गहराइयों में ख़ामोश है। डोंगी से नदी पार कर पग‌डण्डियों की राह में धूमिल के दरवाज़े पर खड़ा हूँ। ज़ालिमों की तनी हुई बन्दूकों को छीन कर आक्रामक दिशाओं में मोड़ देनेवाला खेवली के बीहड़ का बाघ अब नहीं है। सुबह-सुबह मुझे अपने बीच पाकर सारा परिवार उत्साह से भर गया है। समूह के दर्द से जुड़कर अपने भीतर का आकाश कितना विस्तृत हो जाता है।

पारिवारिक समस्याओं के चक्रव्यूह से बाहर आकर मैं धूमिल की धृतराष्ट्र-लिपि में डूब गया हूँ। कन्हैया किसी काम से बाहर जा चुके हैं, बाकी सारे भाई बैलों के साथ जमीन तोड़ने खेत में। धूमिल इसी जमीन की उपज है।

लहलहाती हुई फ़सलें¨
बहती हुई नदी
उड़ती हुई चिड़ियाँ¨
यह सब, सिर्फ़, तुम्हें गूँगा करने की चाल है
क्या तुमने कभी सोचा कि तुम्हारा–
यह जो बुरा हाल है
इसकी वजह क्या है ?

[प्रौढ़ शिक्षा]

कविताओं की बिखरी हुई पंक्तियों पर, लाल स्याही से निशान बनाते-बनाते मैं थककर चूर हो गया हूँ। उफ़ कितना अशान्त था अपने अंतरंग में तूफान का

यह काला सागर ? अपने को समेट कर, खड़ा तक नहीं हो सका।

अपने बचाव के लिए
खुद के ख़िलाफ़ हो जाने के सिवा
दूसरा रास्ता क्या है ?
मैं आपसे ही पूछता हूँ [कवि, 1970]

प्रश्नों के दायरे में अन्धकार के आर-पार अथाह रुदन-सा व्याप्त धूमिल, कागज के टुकड़ों पर आँसुओं के धब्बों-सा फैल गया है। बिखरे आँसुओं से किसी की खोई हुई तस्वीर को बनाना एक त्रासदी है। कितनी मानसिक अराजकता अपने भीतर ढो रहा था वह ! कितना अस्त-व्यस्त था उसका एकाकी व्यक्तित्व ! मैं हैरान और दुखी हूँ। अपनी भाषा के सलीब पर संवेदना की खुदकुशी है धूमिल ! उसका यह वक्तव्य कितना यथार्थ है–

कवि,
व्यवहारिकता की
बँटी हुई रस्सी से झूलती हुई
संवेदना की खुदकुशी है। [मैं हूँ]

यह सब उसके मानस परोक्षों का एक्स-रे-प्लेट है। जब वह कहता है–

घृणा में डूबा हुआ सारा का सारा देश
पहले की तरह आज भी
मेरा कारागार है। [पटकथा]

तो भय लगता है। इतना तनाव किसी अकेले व्यक्ति के लिए एक ख़तरनाक ज़हर है किन्तु आज की परिस्थितियों में ज़हर के अतिरिक्त हमारे लिए बचा ही क्या है ? अपने तनाव और अन्धकार से बराबर जूझता रहा धूमिल और अंततोगत्वा तनाव और अन्धकार के दानव ने उसे धीरे-धीरे चूसकर, उसकी लाश को हमारी ओर झटके से उछाल दिया–और अब इसके सिवा और कोई रास्ता नहीं है कि सागर तट पर बिखरी हुई उसकी रेत को पंक्ति-पंक्ति जोड़कर, हम उसे मीनार की शक्ल में बदल दें। कितना खौफनाक है यह दृश्य–

उसकी आँखें बन्द थीं।
उसका चेहरा खून और आँसुओं से तर था। 'मूर्खो !
यह क्या कर रहे हो' मैं चिल्लाया। और तभी किसी
ने उसे मेरी ओर उछाल दिया। अरे ! यह कैसे हुआ ?
मैं हतप्रभ-सा खड़ा था

और मेरा हमशक्ल
मेरे पैरों के पास
मूर्छित-सा
पड़ा था¨ [पटकथा]

पाँच बज रहे हैं। कन्हैया अभी नहीं लौटे। धृतराष्ट्र-लिपि पर, एक हद तक काम करके, मैं 'पाही' पर आ गया हूँ। अपने हिस्से की जमीन तोड़कर, लोकनाथ, शोभनाथ और अर्जुन भाई अलाव के पास बैठे बैलों-से हाँफ रहे हैं। मैं उनके चेहरों के भीतर धूमिल को तलाश रहा हूँ। थकान तोड़ने के लिए, सिल पर बूटी कट रही है, साथ में गन्ने का पका हुआ रस है। कन्हैया बाजार से वापस लौट आये हैं। अलाव के इर्द-गिर्द नई उमर की ठाठ है। चकबन्दी में बड़े किसान तिकड़म भिड़ाकर छोटे किसानों की 'गोइड़े' की जमीन हड़प रहे हैं। धूमिल ठीक कहता था–"गाँवों में छोटे किसानों की हालत जुते हुए खेत जैसी है,' सब के सब परेशान हैं। "सुदामा भइया होतन त हमहनो देखित"–एक तमतमाया नौजवान चेहरा तैश में अपने भीतर का कड़वा धुआँ उगल रहा है। यादगारों के सारे बंद दरवाजे एक साथ खुल गये हैं¯ कन्हैया पान्डेय वर्तमान की पृष्ठभूमि पर खड़ा, अतीत के खन्डहरों से बोल रहा है–"वरुणा के खार में साइकिल फेंककर, सावन-भादों की उफनती नदी को चीरते हुए ग्यारह-बारह बजे रात वे घर चले आते थे। मर्द थे वे ! उनके साहस की ढेरों कहानियाँ सीने में दफ्न हैं। क्या बताएँ आपको¨कन्हैया का चेहरा पिघले शीशे-सा थरथरा कर खामोश हो गया है। रत्नशंकर सिर झुकाए कौड़ा ताप रहा है। पता नहीं किस पर क्या बीत रही है किन्तु जख्मों के साये में कितने अपने हैं ये लोग। धूमिल की आँखों में यहाँ–

सब कुछ सदाचार की तरह सपाट
और ईमानदारी की तरह असफल [खेवल]

* * *

मुझे लिखो, मैं कटी हुई उँगलियाँ हूँ
जिसे भूख ने खा लिया है। [मैं हूँ]

धूमिल के पूर्वज छेदा पान्डेय,वाराणसी नगर से बारह किलोमीटर दूर–पश्चिम पंचकोसी के तीसरे पड़ाव, रामेश्वर महादेव से तीन किलोमीटर (पूर्व) परगना कसवार राजा, तहसील जिला वाराणसी के अन्तर्गत वरुणा की उपत्यका में खेवली की दरखेज जमीन पर कहीं दूर से आकर तामीर हो गए थे। आस-पास केवट, राजभर, ग्वालों और विभिन्न जाति के मेहनतकश लोगों का परिवार है।

पुरखों की कीरत पर धूमिल के 'पुरवे' को लोग पाण्डेपुर के नाम से पुकारते हैं। सोना उगलनेवाली इस धरती पर मेहनतकश बाँहों का जोर है। घनी आबादीवाला यह भदेस शिक्षा के मामले में कितना पिछड़ा हुआ है इसका अंदाज आप इस बात से लगा सकते हैं कि इस गाँव से सन् 1953 में उत्तर प्रदेश की हाई स्कूल -परीक्षा में उत्तीर्ण होनेवाले पहले व्यक्ति–जनाब सुदामा पान्डेय थे, जिन्हें हम आप आज धूमिल के नाम से जानते हैं।

बचपन में गाँव की जुबान पर 'सींकिया पहलवान' के नाम से मशहूर 'सुदामा जी' पितामह विन्देश्वरी पान्डेय की आँखों के तारे थे जो पितामह के साथ बचपन में, अखाड़े की तेल-माटी खाकर, अपने लहीम-शहीम ढाँचे में ऐसे उभरे कि खेवली के दरिन्दों से लेकर हिन्दी साहित्य के अच्छे से अच्छे अखाड़िए चकरघिन्नी खा गए और इस तरह देखते-देखते वह–

दीवारों की चौकसी के बावजूद
एक नारा बन गया था। भाषा की रात में

[ख़ून के बारे में कविता]

साहस के साँचे में ढला हुआ धूमिल आदमकद इस्पात था। बचपन का ज़िद्दी धूमिल जात-पाँत, भूत-प्रेत और धार्मिक अन्धविश्वासों में अपनी अनास्था के कारण पिता की दृष्टि में बराबर 'नास्तिक' रहा।

गाँव की आँखों में धूमिल विद्रोह-मूर्ति पिता श्री शिवनायक पाण्डेय का प्रतिरूप था, किन्तु अपना आक्रोश अभिशाप की जगह वह मारपीट और शक्ति-प्रदर्शन में व्यक्त करता था, जो आगे चलकर परिचितों के बीच उसके व्यक्तित्व की एक विशिष्ट पहचान बन गई थी।

अंकगणित में शत-प्रतिशत अंक पानेवाला धूमिल, ग्यारह वर्ष की अल्पायु में वरुणा के तट पर बैठकर अपने सहपाठी मित्र बनारसीलाल श्रीवास्तव के साथ कविता की जुगलबन्दी करने लगा था। बिरहा, कवित्त, सवैया और गीतों के घरौंदों को फलाँग कर, अकस्मात् सुदामा पाण्डेय से बाहर धूमिल के रूप में वह ऐसा चमका कि भाषा के अच्छे-अच्छे कारीगरों की आँखों में मुहब्बत के आँसू आ गए। यह धूमिल के भीतर खेवली की तासीर है। वस्तुतः धूमिल की कविताओं में इस देश की मिट्टी की करुणा का छन्द है। इसलिए वह कहता है–

मैं इतना कृतघ्न नहीं हूँ कि उस जमीन को धिक्कार दूँ
जिस पर मेरा जंम खड़ा है [देश-प्रेम : मेरे लिए]

बारह वर्ष की अल्पायु में ही धूमिल का विवाह लालपुर वाराणसी निवासी पं. नान्हक दीक्षित की कन्या मूरत देवी के साथ कर दिया गया। बचपन के

मधावी और अध्ययनशील विद्यार्थी धूमिल को स्कूली पढ़ाई के तौर-तरीकों से बुरी तरह चिढ़ थी। एक-एक कर पितामह, पिता और चाचा की मृत्यु से मर्माहत होकर आर्थिक दबावों और अपनी स्वतन्त्रता प्रकृति के कारण हरिश्चन्द्र इन्टर कालेज, वाराणसी में नाम लिखाने के उपरान्त भी, वह अपनी पढ़ाई को आगे नहीं बढ़ा सका। शिक्षा की इस भूख को उसने स्वाध्याय के माध्यम से पूरा किया। शिवशंकर वाचनालय, खेवली उसकी इस पढ़ाई का प्रमुख अड्डा था। उसकी यह 'हॉबी' अन्त तक उसके साथ थी।

* * *

भूख कौन उपजाता हैं :
वह इरादा जो तरह देता है
या वह घृणा जो आँख पर पट्टी बाँधकर
हमें घास की सट्टी में छोड़ आती है ? [अकाल-दर्शन]

दो-दो घण्टे 'आवरे गइयवा', 'आवरे भइसिया', 'आवरे कुकुरा' 'आवरे बिलरिया' कहने के बाद दूध पीनेवाले किशोर धूमिल के सामने, अकस्मात् परिवार के दो जून रोटी का सवाल आ गया था। आँख खोलने के बाद से वह देख रहा था–

बच्चे भूखे हैं:
माँ के चेहरे पत्थर
पिता जैसे काठ : अपनी ही आग में
जले है ज्यों सारा घर [आज मैं लड़ रहा हूँ]

आस-पास के तमाम लोगों के विरोध और उपहास के बाद भी अकेलेदम साढ़े चार बीघे जंगल को काटकर, उसे उपजाऊ खेत की शक्ल में बदल देनेवाले गौरी पाण्डेय के वंश का होनहार बिरवान धूमिल, स्नेहमयी विधवा माँ, मातृवत्सला चाची, चार छोटे भाइयों (कन्हैया, अर्जुन, शोभनाथ, लोकनाथ) और पत्नी को रोता-कलपता छोड़कर, रोटी की तलाश में कलकत्ता चला गया था।

कलकत्ता में परिचितों का सहयोग न पाकर वह लोहा ढोनेवाले मजदूरों के साथ लोहा ढोने का काम करने लगा। तभी शायद मृत्यु से पूर्व वह अपने अन्तिम अक्षरों में बोल सका–

शब्द किस तरह कविता बनते हैं
इसे देखो
अक्षरों के बीच गिरे हुए आदमी को पढ़ो

क्या तुमने सुना कि यह
लोहे की आवाज़ है या
मिट्टी में गिरे हुए खून का रंग।

[बेड न. 2 की अन्तिम कविता]

अन्त में धूमिल के स्वजातीय स्वजन श्री राम लखन पाठक ने लकड़ी की एक व्यावसायिक फर्म 'मेसर्स तलवार ब्रदर्स प्राइवेट लिमिटेड, में धूमिल को 'पासिंग आफिसर' के पद पर नियुक्त करा दिया। अपनी इस नौकरी के दौरान धूमिल डेढ़ वर्ष तक भारत के विभिन्न जंगली और पहाड़ी इलाकों में घूमा। उसने अपनी खुली आँखों से यह देखा कि मेहनतकश जनता और पूँजीपति मुर्दाफ़रोशों के बीच कितनी दूरी है। मजदूरों के साथ धनपशुओं के घृणित व्यवहार को देखकर उसने यह महसूस किया कि पिरामिडों के शिखरों का सम्पूर्ण शिला-लेख गुलाम मज़दूरों ने अपने आँसुओं और खून से लिखा है।

यहीं से वह इस वैषम्यता के सामाजिक कारणों पर विचार करने लगा था। यहीं ये उसमें जनवादी संघर्ष की पहचान शुरू होती है। यहीं से उसका विद्रोह एक नई आँच में ढलकर बाद में कविताओं की शक्ल में हमारे सामने आता है। अपनी स्वीकारोक्तियों में–

यद्यपि यह सही है कि मैं
कोई ठंडा आदमी नहीं हूँ
मुझमें भी आग है
मगर वह
भभक कर बाहर नहीं आती
क्योंकि उसके चारों तरफ चक्कर काटता हुआ
एक 'पूँजीवादी' दिमाग़ है [पटकथा]

इस पूँजीवादी 'टावर' में कैद अपनी अधूरी इच्छाओं में झुलसता हुआ वह, हमें सम्भावित नारकीय परिस्थितियों से अवगत कराता है।

सचमुच मजबूरी है।
मगर ज़िन्दा रहने के लिए
पालतू होना ज़रूरी है। [शहर का व्याकरण]

इस मजबूरी के बाद भी अपने भीतर की आग को वह 'पूँजीवादी' दिमाग के हवाले नहीं कर सका। अपनी इस नौकरी के दौरान जब वह बीमार होकर चारपाई पर पड़ा था, कम्पनी के मालिक मि. तलवार ने उसे ट्रंक-काल द्वारा तत्काल मोतीहारी से गोहाटी जाने का आदेश दिया। धूमिल ने मि. तलवार को

बताया कि "मैं अस्वस्थ हूँ।"

इस पर क्रुद्ध होकर मि. तलवार ने कहा–"I am paying for my work, not for your health."

प्रत्युत्तर में धूमिल ने हथौड़े की तरह चोट करते हुए कहा–"But I am working for my health, not for your work."

और इसके बाद वह चार सौ पचास रुपये माहवार की नौकरी, 6 पैसे प्रति घन फुट कमीशन, सारे टी.ए., डी.ए. पर लात मार कर सीधे घर चला आया। स्वाभिमान व्यक्तिगत ईमानदारी का आदिम पर्याय है। धूमिल इस मामले में बहुत आगे था। आत्म हीनता के विरुद्ध उसका अनवरत संघर्ष इस बात का ज्वलन्त साक्षी है। तमाम विसंगत परिस्थितियों के उपरान्त वह अपनी मानवीय सम्भावनाओं में ज्वलन्त है। अपनी संवेदनाओं में वह कितना स्वस्थ और प्रखर है–

दुख होता है अगर किसी को
मिली नौकरी छूट गई हो
लेकिन उतना नहीं
कि जितना
बार-बार सुनने पर भी फटकार
आदमी, लौट काम पर
फिर आया हो
कालर फटी कमीज पहनकर [सापेक्ष्य संवेदन]

* * *

आकृतियों को
सीमाओं में अर्पित होने का सुख
स्वीकृत हो,
और सीमाओं को
मृत-पुत्रों के जीवित हो उठने की
आश्वस्ति¨ । [प्रार्थना]

कलकत्ता की नौकरी छोड़ने के बाद धूमिल ने जनवरी 1957 में 'आइ टी. आइ. वाराणसी' में एडमिशन ले लिया। सन् 1958 में सर्वाधिक अंकों से उत्तीर्ण होकर अपने प्राचार्य के आग्रह पर उसने अपने आपको (अपनी प्रकृति के विरुद्ध) सरकारी सेवा-कार्य के हवाले कर दिया जिसका पशचात्ताप उसे मृत्यु-पर्यन्त रहा। 1961 में उत्तर प्रदेश सरकार से टेक्निकल वीक सेलेब्रेशन का 'कन्वे' प्राप्त करके वह पर्यवेक्षक की हैसियत से बलिया चला गया जहाँ अपनी कर्मठता और

व्यवहार कुशलता से उसने इस संस्थान को उत्तर प्रदेश का 'सर्वोत्तम संस्थान' बनाकर राज्य सरकार से प्रशस्ति-पत्र प्राप्त किया। किन्तु विभागीय वरिष्ठ अधिकारियों की नौकरशाही का शिकार होकर पुनः उसे आइ. टी. आइ. वाराणसी लौट आना पड़ा। सीमाओं में बँधा हुआ वह देख रहा था—

व्यवस्था की खोह में
हर तरफ
बूढ़े और रक्त.लोलुप मशालची
घूम रहे हैं
इतिहास की ताज़गी
बनाये रखने के लिए
नौजवान और सफल
मौतों की टोह में [भाषा की रात]

15 मार्च, 1975

* * *

मैं सतह की धूप.सा
फैला हुआ था
पर अन्धेरे ने
मुझे चमका दिया
केन्द्र पर बरबस
अकेला घेर कर [आत्माभिव्यक्ति]

एक लम्बे अर्से तक गीतों पर काम करने के बाद गीतकार धूमिल की नई कविता-यात्रा का गम्भीर दौर शुरू होता है। इस सिलसिले में सर्वप्रथम वह प्रसिद्ध चित्रकार रामचन्द्र शुक्ल और कथाकार डॉ. शिवप्रसाद सिंह के सम्पूर्ण में आया। इनके माध्यम से वह प्रख्यात मार्क्सवादी समीक्षक डॉ. नामवर सिंह और उनके अनुज युवा कहानीकार डॉ. काशीनाथ सिंह से घनिष्ठ रूप में जुड़ गया। कवि, विचारक और व्यक्ति के रूप में त्रिलोचन उसके लिए एक मानदन्ड थे। नामवरजी ने धूमिल के व्यक्तित्व को माँजा, त्रिलोचन ने उसमें भाषिक समझदारी पैदा की और काशीनाथ सिंह ने उसे नए अन्तरिक्षों से जोड़ा। आचार्य हजारीप्रसाद द्विवेदी और पं. विद्यानिवास मिश्र जैसे समकालीन चिन्तकों के बीच उसने साहित्य के नए काव्य-मूल्यों और आयामों को गम्भीरता से समझने का प्रयास किया। राजकमल चौधरी से एलेन गिंसबर्ग तक वह अपने सन्धान की दिशाओं में अनवरत गतिमान रहा। अपनी उपलब्धियों को उसने कटु अनुभवों

की रोशनी में अपने कठोर साहित्यिक प्रयासों से हासिल किया। सन् '69 में जब मैं पहली बार धूमिल से मिला, उस समय तक बनारस में धूमिल और काशी भाई की जोड़ी अपनी सक्रियता और नए तेवर के कारण चर्चा का विषय हो चुकी थी।

मैं अपरिचित भीड़ की
आवाज...
व्यक्त मुझको कर गईं
खामोशियाँ
आकाश की... । [आत्माभिव्यक्ति]

साहित्यकारों की जमात में घिरा धूमिल, अपनी खनकदार-बुलन्द आवाज के कारण दूर से पहचान में आ जाता था। आन्तरिक तनाव की स्थिति में बात-बात में मूँछ पर ताव देकर आस्तीन चढ़ा लेना–उसकी एक खास आदत बन गई थी। वह अपने सामने बैठे व्यक्ति के सिर पर अकस्मात् कोई मुहावरेदार वाक्य पटक देता था और जब सामने बैठा आदमी अपने नियन्त्रण से बाहर आकर बकने लगता था तब घनी मूँछों पर हाथ फेर कर धूमिल हल्के से मुस्कराता था। ऐसे मौकों पर उसकी आँखों में एक खास किस्म की चमक पैदा हो जाती थी और वह अपने ताबड़तोड़ हमले से प्रतिपक्षी को (उसके वक्तव्यों के अन्तर्विरोधों द्वारा) धराशायी कर देता था। यह धूमिल की अपनी 'साइको स्ट्रेटजी' थी, जिसका प्रयोग शिल्प के रूप में उसकी कविताओं में मौजूद है।

* * *

ऐसे में
जब कि खरगोश की छलाँगें और उदासी,
चन्द्रलोक की यात्राएँ और नीग्रो समस्याएँ
एक ही लकीर पर खड़ी हों
बड़ी मुश्किल से अपना हो पाता है
धूप में टूटता हुआ एक दिन [यात्रा-प्रसंग]

व्यवहारिक स्तर पर वह अपने लेखन, सामाजिक और पारिवारिक जिम्मेदारियों के प्रति समान रूप से प्रतिबद्ध और जागरूक था। नौकरी की किचकिच से वह ऊब गया था। अपने आखिरी दौर में वह इस्तीफा देकर पूरी तौर पर खेती.बारी और स्वतन्त्र लेखन के बारे में सोचने लगा था। कंचन कुमार के साथ वह 'कुमान्तो' की कविताओं को हिन्दी की वर्दी में उतार रहा था।

अकस्मात् उसे अपनों से काट कर सन् 1966 में पुनः सहारनपुर उठाकर

पटक दिया गया। धूमिल की मानसिक अराजकता के पीछे छिपे सामाजिक कारणों को हम धूमिल के भीतर समझ सकते हैं। सहारनपुर के इस आत्मनिर्वासन-काल में उसने पहाड़ी लोगों के जीवन और उनकी समस्याओं को करीब से देखने और समझने का प्रयास किया। उसके इन तमाम स्थानान्तरणों के पीछे उच्चपदाधिकारियों के आक्टोपस चेहरे थे, क्योंकि 'उत्तर प्रदेश औद्योगिक प्रशिक्षण संस्थानों' के कर्मचारियों की 'मेरठ कान्फ्रेंस' के संयोजक मास्टर सुदामा पांडेय थे, जिसमें उन्होंने खुले अधिवेशन में उच्च अधिकारियों के कुत्सित-षड्यन्त्री चेहरों को बेनकाब कर दिया था। पिक्षुबध होकर अधिकारियों ने उसे पुनः बनारस से सीतापुर फेंक दिया। इस बीच धूमिल पूरी तौर पर खेती और साहित्य से जुड़ चुका था। इसलिए वह किसी भी शर्त पर बनारस नहीं छोड़ना चाहता था। उसकी यह आन्तरिक यातना, उसकी कविताओं का विस्फोट है–

मैं कुछ कहना ही चाहता था कि एक धक्के ने
मुझे दूर फेंक दिया। इससे पहले कि मैं गिरता
किन्हीं मजबूत हाथों ने मुझे टेक लिया।
अचानक भीड़ से निकल कर एक प्रशिक्षित दलाल
मेरी देह में समा गया। दूसरा मेरे हाथ में
एक पर्ची थमा गया। तीसरे ने मुझे एक मुहर देकर
पर्दे के पीछे धकेल दिया।
भय और अनिश्चय के दुहरे दबाव में
पता नहीं कब और कैसे और कहाँ
कितने नामों और चिन्हों और शब्दों
को काटते हुए मैं चीख पड़ा–
हत्यारा ! हत्यारा !! हत्यारा !!! [पट-कथा]

कुएँ में पड़े पत्थर की तरह उसकी यह खोई हुई चीख अपने व्यक्ति के करुण एकान्त में भीतर-ही-भीतर टूटकर ढहते हुए एक 'हरक्यूलियन पर्सनाल्टी' की हत्यारी-सम्भावनाओं के नीचे एक खुला इतिहास है।

रोशनी सूँघने वाले जासूस कुत्तों का
एक खतरनाम झुन्ड
उनके इशारों का इन्तजार कर रहा है [भाषा की रात]

इन हत्यारों और शिकारी कुत्तों के दुहरे दबावों से गुजरता हुआ अन्ततोगत्वा सीतापुर जाकर धूमिल ने अपना पद-भार ग्रहण कर लिया, किन्तु पुनः उसी दिन

लौटकर वाराणसी चला आया। यह स्थानान्तरण धूमिल का अन्तिम स्थानान्तरण साबित हुआ। सिर के भयानक दर्द से पीड़ित होकर वह सन् 18 अक्टूबर, 1974 को बनारस हिन्दू विश्वविद्यालय के मेडिकल कालेज में भर्ती हुआ। सारा इलाज बेकार साबित हुआ। घण्टे-घण्टे पर वह मूर्छित हो जाता था। धूमिल के घनिष्ठ मित्र डॉ. एस. एन. चन्द्रा ने एड़ी-चोटी का जोर लगा दिया। किन्तु सब कुछ बेकार था। जाँच के बाद डॉ. कटियार ने बताया कि धूमिल को ब्रेन-ट्यूमर है। हौलनाक नारकीय यातनाओं से गुजरता हुआ व्यक्ति ब्रेन-ट्यूमर का शिकार नहीं होगा तो और क्या होगा ? अंततः डॉक्टरों की राय से उसे 1 नवंबर, 1974 को के. जी. मेडिकल कालेज लखनऊ में भर्ती किया गया।

बेड नं. 2 पर कटे हुए मजबूत दरख्त-सा धूमिल, जिन्दगी और मौत के बीच की दूरी को खामोशी से नापता रहा—इर्द-गिर्द बीमार चेहरों की भीड़ में उसके भीतर का यह आतंक खौफ़नाक अहसासों का दायरा बनाता है....

आज अँधेरा है और खून
लगा हुआ है हाथों में
जिसे हमने हासिल किया है
वह पालने में नहीं—रक्त लथपथ
कराहों की बगल में पड़ा है। [आज मैं लड़ रहा हूँ]

लखनऊ के सारे मित्रों ने खून-पसीना एक कर दिया। डॉक्टरों की जीतोड़ कोशिशों के बावजूद 10 फरवरी, 1975 को रात नौ बजकर पचास मिनट पर ध ूमिल ने अपने मजबूत ढाँचे को बेड नं. 2 हमेशा के लिए छोड़ दिया। भीतर बजते जल तरंग–सी उसकी कविताओं की पंक्तियाँ दीवारों से टकराकर खामोश हो गई हैं.....

एक भी हथेली ऐसी नहीं है
क्रास भरे चेहरों ने
जिस पर उँड़ेला नहीं
सागर की बूँद-बूँद देह
वज्रपात ! हिमपात !!

हिमपात ही तो है। आखिर इससे बड़ा वज्रपात और क्या हो सकता है कि समय से पहले मौत ने उसको हमसे छीन लिया है।

* * *

'सहना ही जीवन है जीवन का जीवन से द्वन्द्व है–
मेरी हरियाली में मिट्टी की करुणा का छन्द है'

[दूसरे का घर]

मिट्टी की करुणा के छन्द का कवि गाकर खामोश हो चुका है। कंहैया की आँखों में आँसू है और वह रुँधे गले से बोल रहा है–''माँ और भाभी, जो लखनऊ में ही थीं, मैंने उन्हें यह सब नहीं बताया कि–'भैया अब नहीं रहे'। लोकनाथ आँखों की ओट छिपकर रो रहा था। गीत के मीत ठाकुर भाई (कवि ठाकुर प्रसाद सिंह) दम तोड़ने से पूर्व धूमिल को देखकर रोते हुए लौट गए थे। आखिरी वक्त में धूमिल ठाकुर भाई से कुछ कहना चाहते थे। किन्तु ओठ थरथरा कर खामोश हो गए थे, दर्द आँखों की राह बह रहा था। दारुण व्यथा है यह सब। अन्त में छाती पर पत्थर रखकर इसकी सूचना मैंने सर्वप्रथम 10 बजे रात कुँवर नारायणजी को दी। जाड़े की उस सर्द रात में कुँवर नारायणजी, श्रीलाल शुक्ल के साथ मेरे पास आ गए थे। किन्तु धूमिल की लाश पर पड़ी हुई मौत की सफेद चादर को उलटकर वे उनका मुर्दा चेहरा देखने का साहस अपने भीतर नहीं जुटा पाए थे।''

थकी हुई घायल आहुतियाँ...
शून्य के बन्दीगृह में सिसक उठी हैं।

* * *

महाकाल फिर जीत गया है... [धूमिल]

11 फरवरी, 1975 को दस बजे दिन तक 'काली गाड़ी' धूमिल के शव के साथ हरहुँआ बाजार में आ गई थी। हरहुँआ बाजार में आकर धूमिल की पत्नी और माँ को यह पता चला कि गाड़ी में धूमिल नहीं, धूमिल की लाश है। शाम 6 बजे मणिकर्णिका के महाश्मशान में–चिता की लपटों के बीच हिन्दी साहित्य का एक अन्तरिक्ष जलकर राख हो गया। कैसा विद्रूप है यह कि धूमिल की अर्थी को काशी का एक भी साहित्यकार अपना कंधा नहीं दे सका।

मय्यत को मेरी हमनशीं अफसोस है यही,
तू ही फ़कत न आए सभी दफनाने आ गए।

जख्मों के आईने में कितना साफ है धूमिल–

पता नहीं कितनी रिक्तता थी'
जो मुंझमें होकर गुजरा–रीत गया।
पता नहीं कितना अन्धकार था मुझमें

मैं सारी उम्र चमकने की कोशिश में
बीत गया। [उसके बारे में]

अपने पीछे बाइस व्यक्तियों का एक दुखी परिवार छोड़कर धूमिल हमारे कन्धों पर एक जिम्मेदारी का बोझ डाल गया है।

और पड़ोस के प्रेत...
सीवान में...अपनी पैशाचिक मुद्राओं में अट्टहास
कर रहे हैं।
परिवार की आँखों में भय काली छाया है...।
धुमिल के सामने भी प्रेत खड़े थे। कन्हैया के सामने भी प्रेत
खड़े हैं....

*   *   *

सीवानों में रात का अन्धेरा बोल रहा है। पाही से लौटकर हम बैठके में आ गए हैं। भोजन के बाद लालटेन की मटमैली रोशनी में, हम पुनः धृतराष्ट्र-लिपि की फाइल पर झुक गए हैं। लाल रोशनाई कागज के सीने पर लकीरों में कौंध रही है। मौत का आखिरी दस्तावेज है न ! बारह बज चुके हैं। कछारों से गीदड़ों के रोने की आवाज आ रही है। कन्हैया की आँखों में नींद का आग्रह है। फाइल समेट कर, हम चारपाई पर चित्त हैं। मुझे नींद नहीं आ रही है। चारपाई में खटमल हैं। खूनखोर हर जगह मौजूद हैं। धृतराष्ट्र लिपि की सारी पंक्तियाँ पिकासो के सन्त्रासी चित्रों-सी आँखों में तैर रही हैं। मुझमें भय समा गया है–इन पंक्तियों को जोड़ने की कोशिश में कहीं मैं ब्रेनट्यूमर का शिकार तो नहीं हो जाऊँगा ?...दुःस्वप्नों में रात कट गई है। सचमुच–

रात खत्म हो चुकी है
और वह सुरक्षित नहीं है
जिसका नाम हत्यारों की सूची में नहीं है

[हत्यारी सम्भावनाओं के नीचे]

सुबह की चाय पीकर हम पुनः फाइल में खो गए हैं। काफी काम पूरा कर लिया है हमने। दस बज रहे हैं। कन्हैया को आफिस (रोजगार दफ्तर) जाना है। स्थान और भोजन के बाद साथ-साथ हम शहर की ओर हैं। आँसुओं के ताल से झाँकता माँ और चाची का दरका हुआ चेहरा पीछे छूट गया है। यथार्थतः कवि इन्हीं छोटे-छोटे ब्योरों को गाता है :

उसकी यही शाख है
उसके लिए कविता सिर्फ शब्दों की बिसात नहीं,
वाणी की आँख है। [बारिश में भीगकर]

25 नवम्बर, 1975

संकेत-चिन्हों के आधार पर कन्हैया ने साठ कविताओं की पान्डुलिपि तैयार कर ली है। बड़ी मेहनत की है कन्हैया ने। धूमिल का भाई है न ! अब हम मूलप्रति से पान्डुलिपि के शब्द-शब्द को मिलाकर जाँच रहे हैं। सब कुछ ठीक है। कहीं कोई शब्द और संकेत-चिन्ह नहीं छूटा है। सारा काम पूरा हो चुका है। धूमिल की फाइल में 'त्रिलोचन अध्ययन केन्द्र' की रसीदें हैं। यह 'युवा विचार-मंच' के रूप में धूमिल का सपना है। सपने कभी पूरे नहीं होते। नहीं, होते हैं। मगर सपनों को आकार देने के लिए खून देना पड़ता है। और अब धूमिल के बारे में बातें करते हुए, हम शहर की ओर बढ़ रहे हैं। आज धूमिल के मुकदमे की तारीख है। बेशक–

भूख और भूख की आड़ में
चबाई गई चीजों का अक्स
उनके दाँतों पर ढूँढना
बेकार है। [पटकथा]

13 फरवरी, 1976

* * *

उपलब्ध रचनाओं के आधार पर, अपनी सामाजिक पृष्ठ-भूमि में धूमिल, समकालीन हिन्दी कविता का 'हिमालयन ब्लण्डर' है। अपनी वर्गीय समझ के मातहत वह कविताओं द्वारा सीधे सामाजिक जीवन में हस्तक्षेप करता है। यानी कविताओं द्वारा व्यक्ति के भीतर वैचारिक संक्रमण करता है। यह उसके कवि की ताकत है। अपने यौन-प्रतीकों और बिम्बों के माध्यम से जहाँ वह समाज के 'पैरालाइज़्ड' अंगों को 'शॉक' देता है, वहीं हमें अपनी वर्गीय-चेतना की स्पष्ट पहचान भी करा देता है। धूमिल की कविताओं के भीतर का अन्तर्विरोध, अपनी ऐतिहासिकता में, आज के समूचे युवा-लेखन का अन्तर्विरोध है।

भाषा, भाव-भूमि, कथ्य और अपने शिल्पगत प्रयोगों में वह अपने समकालीन रचनाकारों से एकदम पृथक् और बेजोड़ है। धूमिल की कविताओं का ढ़ाँचा उसकी काठी जैसा शक्तिशाली और मजबूत है। धूमिल को समझने के लिए,

पूर्वाग्रहों से मुक्त होकर, संजीदगी से उसकी जमीन पर खड़ा होकर सोचना जरूरी है, जो उसके खून-पसीने और आँसुओं से तर है–

अनुभव के नये-नये पृष्ठों पर
भाषा के समर्थन में बूँदें गिरती हैं
जैसे सामूहिक हस्ताक्षर अभियान में
आसमानी दस्तख़त [बारिश में भीगकर]

* * *

मैं एक दिग्नाम संज्ञा हूँ
जिसकी परिभाषा अभी तक नहीं हुई
मुझको दुहरा दो–
दर्पण के आर-पार
अनायातित बिम्बों में
मुझको दुहरा दो। [प्रार्थना]

दिग्नाम संज्ञा-सा अपरिभाषित धूमिल का व्यक्तित्व, साठोत्तर पीढ़ी के अनवरत आत्म-मन्थन का एक सार्थक परिणाम है। कविता की भाषा और अपने आत्मीय-स्वरों में वह ध्वरत-अन्तरात्माओं का इन्द्रधनुषी-सेतु है। अन्तरिक्षों के आर-पार अपनी खुली हुई आँखों से झाँकता धूमिल एक शिशु है जो अपने परिवर्तित आयामों में हमें नये अर्थ-मूल्यों से जोड़ता है। निर्विकल्प वह अपनी हरियाली में 'मिट्टी की करुणा का छन्द है' जो कभी बादलों को चाबुक से पीटकर जीवन-रस गारता हुआ हमारे सामने आता है और कभी बिजली-सा सारे आकाश में दौड़-दौड़ सदियों से रौंदी हुई घास को पुकारता है और कभी छापामार दस्ते के अगुआ की तरह देह के जंगल में खो जाता हैं ।

अपने विभाजित व्यक्तित्वों में किसी का विवादास्पद हो जाना एक स्वाभविक-सी बात है। किसी भी व्यक्ति को उसके संदर्भों में जिए बगैर कैसे समझा जा सकता है ? किन्तु मैंने धूमिल को देखा है–समझा है–जाना है। उसे सामने देख कर आँखों में हरे दरख्तों के जंगल उग आते थे। लगता था। जैसे आस-पास कोई धान और गन्ने की फसलों का नया गीत गा रहा है। अपने परिष्कृत ग्रामीण-परिवेश में बड़ा बाँका और सजीला जवान था वह। रगों में दौड़ते हुए ताजे खून-सा, अपने विचारों में परिवर्तन के अग्निचक्र-सा दहक रहा था वह !–अछोर अन्वेषण की सम्भावित यात्राओं में । व्यक्ति-सत्य को व्यापक दृष्टि से आत्मसात् करता हुआ वह आगे बढ़ जाता था। इस लिए वह संकीर्ण मान्यताओं से बाहर था। इसलिए वह अन्ध-श्रद्धाओं के तर्पण से मुक्त है।

अपनी आक्रामक मुद्राओं में वह व्यक्ति नहीं व्यक्ति के दंभ पर चोट करता था। अपने भीतर के अन्धकार को इष्ट-मित्रों और परिचितों के बीच फटे-चिथे नक्शे-सा फैलाकर सम्भावना के विभिन्न ध्रुवान्तों पर वह घण्टों बहस करता था और इस दौरान उसके भीतर का 'शिशु' खेल-खेल में बहुत सारे परिचितों-अपरिचितों की स्थापित आस्था-मूतियों को खिलौने की तरह तोड़कर कमरे से बाहर फेंक देता था। और तरंग आ जाने पर इन खन्डित प्रतिमाओं को जोड़कर, वह अपने 'शिशु-सृजन' को नया रूप देने लगता था। उसके भीतर अपने अन्तर्निषेधों की विरूप आकृतियों को प्रत्याक्रमण की विभीषिकाओं में देखकर, लोग आतंकित हो जाते थे। इसलिए धूमिल अपने एकान्त में कहीं एकदम अकेला था। दर्पण के आर-पार दुहराए गए अनायातित बिम्बों में शिशु हृदय धूमिल को कौन पहचानेगा?

कोई पहाड़
संगीन की नोक से बड़ा नहीं है
और कोई आँख
छोटी नहीं है समुद्र से
यह केवल हमारी प्रतीक्षाओं का अन्तर है–
जो कभी
हमें लोहे या लहरों से जोड़ता है। [अंतर]

अपने परिचय के वृत्तों में धूमिल एक विस्तृत आकाश था। इस आकाश पर अपना नाम लिखकर आँखों से दूर वह कहीं खो गया है। घर.आँगन से लेकर 'मोचीराम' तक उसका व्यक्तित्व एक खुली हुई किताब है। जिसके हाशिए पर धूमिल कविता-पंक्तियों में दर्ज है–

रात जब युद्ध एक गीत-पंक्ति की तरह
प्रिय होगा हम वायलिन को
रोते हुए सुनेंगे
अपने टूटे सम्बन्धों पर सोचेंगे।
दुखी होंगे। [दिनचर्या]

परिवार के लिए वह माँ का हृदय और पिता की छाँह था। रागात्मक अनुभूतियों से भरा हुआ, एक निश्छल और स्नेहार्द-स्वर''' । नौजवान बेटे की मौत की टीस-सा गाँव के मजबूत कन्धों के भीतर वह आज भी मौजूद है। उत्पीड़ित किसानों-मजदूरों का वह अपना सगा भाई था। खण्ड़-खण्ड़ अपने अस्तित्वों में आज भी वह अपने सम्बन्धों के बीच है। संकीर्ण शब्द-कोशों का वह

अवरुद्ध विस्फोट था। क्रुद्ध समुद्रों के घातों-प्रत्याघातों के मध्य चट्टान के अकम्पित मेरूदंड-सा दुर्द्धर्ष! उसकी अस्थियों की रोशनी में उसके हृदय की चट्टान पर खून से लिखे गए उसकी आत्म-आहुति के ताजे शिला-लेख को हम आज भी पढ़ सकते हैं।

तुम पशु बनने को तैयार नहीं हो।
तुम्हारे चेहरे से आज भी आदमीयत की गन्ध
आती है। [दूसरे का घर]

दाँत और सिक्के के बीच की दूरी तय करता हुआ वह दीवारों की मातृभाषा से बाहर चला आया था। उपेक्षा और उपहास की पाषाण-दृष्टि में भीगता हुआ उसका पुरुषार्थ अपने आप में एक कविता है। अपने कवि की भूमिकाओं में वह केवल 'मनुष्य' है—नए सामाजिक मूल्यों के लिए संकल्पित और प्रतिबद्ध…।

* * *

यादों के कन्धों पर
जड़ा हुआ यक्ष-नगर
कितना अतृप्त है;
ओ री ! ओ यौवन की कस्तूरी-गन्धिका !!
मेरे सिरहाने
अन्तरिक्ष फिर टूट गया…। [सन्नाटा]

'खनडित-अन्तरिक्ष धूमिल' के कृतित्व को समझने के लिए उसके व्यक्तित्व को सही ढंग से समझना निहायत ज़रूरी है। दोनों पहलुओं को दृष्टि में रखते हुए अन्तराष्ट्रीय सन्दर्भों में (वर्तमान सामाजिक और ऐतिहासिक परिस्थितियों की रोशनी में) सहानुभूतिपूर्ण ढंग से उसके वैज्ञानिक मूल्यांकन की आवश्यकता है। ह्रासोन्मुख जंगली हरकतों के ख़िलाफ़ संघर्षरत धूमिल, अब हमारे बीच नहीं है। इसलिए हमारा दायित्व और अधिक गम्भीर है। क्योंकि—

नवाबगंज की इस बस्ती में देश का
काँपता हुआ कलेजा हरबार छला है।
बन्दूक में बया का घोंसला है।
—ढकोसला है। [प्रवंचना]

प्रस्तुत संग्रह धूमिल की मूल पान्डुलिपि का सम्पादित रूप है। इसमें मैंने कहीं कोई परिवर्तन नहीं किया है। 'भाषा की रात में : धूमिल की भूमिका उसके कुछ एक पत्रों निबन्धों और डायरी के वाक्यांशों का संयोजित आकलन है।

धूमिल को समझने के लिए यह महत्वपूर्ण संकेत है। वस्तुतः मेरा सारा वक्तव्य-समीक्षा से पृथक् धूमिल के व्यक्तित्व और कृतित्व से सम्बन्धित एक संक्षिप्त रिपोर्ट है। इसकी रोशनी में आप कुछ तलाश सकें, यही मेरा आन्तरिक दृष्टिकोण है। ऐसे–

उन परिवारों की चर्चा व्यर्थ है
जहाँ चश्मे का नम्बर ही कविता का अर्थ है।

[खण्ड-खण्ड धूमिल]

सम्पूर्ण मूल्यांकन के लिए अभी हमें धूमिल की शेष कविताओं की प्रतीक्षा करनी होगी।

[दीपावली]
22 अक्टूबर, 1976

अन्ततः प्रेरणाओं के स्तम्भ कवि श्री त्रिलोचन शास्त्री और आदरणीय पंडित विद्यानिवास मिश्र को मेरी अर्पित संज्ञायें...। नयी सम्भावनाओं की प्रतीक्षा में प्रतिध्वनित डॉ. काशीनाथ सिंह को युयुत्सा की उपलब्धियाँ... आवरण की पृष्ठ भूमि में उपस्थित साथी देवी प्रसाद वटव्याल को रंगों के आदिम आकाश...। मुद्रण और प्रूफ-संशोधन के कठोर दायित्व-निर्वाह में जागरूक भाई शिवशंकर मिश्र को आन्तरिक कृतज्ञताएँ। सार्थक सक्रियताओं में– आयुष्मान चन्द्र शेखर को प्रस्थान की मुद्राओं में कविताओं के अन्तरिक्ष। अनवरत सक्रिय आत्मीयताओं में उपस्थित कन्हैयाजी और धूमिल परिवार को अनन्त कोटि सूर्य-बाँहों का सागर...। और

ओ संघर्ष की मुद्रा में
घायल पुंसत्व ! तुमको मैं क्या दूँ ?
अपनी उपलब्धियों में शंकालु
तुमको मैं क्या दूँ ?

[एक युग-कल्पना]

त्रुटि-आकारों में, क्षमा-प्रार्थना के घटनों पर...

29 नवंबर, 1976

राजशेखर

भाषा की रात में : धूमिल की भूमिका

छायावाद के कवि शब्दों को तोल कर रखते थे,
प्रयोगवाद के कवि शब्दों को टटोल कर रखते थे,
नयी कविता के कवि शब्दों को गोल कर रखते थे,
सन् साठ के बाद के कवि शब्दों को खोल कर रखते हैं

*　　　　*　　　　*

कविता के लिए पाठक की संवेदना और सहानुभूति उसी तरह घातक है जिस तरह बिजली के धक्के से होश खोते आदमी को पानी पिलाना। कविता में साझेदारी ज्यादा सही है। और हो सके तो एक आवेग-हीन शब्द–शाबाश !!

*　　　　*　　　　*

समय के अनुसार चलना नहीं, बल्कि समय की माँग के अनुसार चलना आवश्यक है।

समकालीनता क्या है ?

रूप-रंग और अर्थ के स्तर पर आज़ाद रहने की, सामने बैठे आदमी की गिरफ्त में न आने की एक तड़प, एक आवश्यक और समझदार इच्छा, जो आदमी को आदमी से जोड़ती है, मगर आदमी को आदमी की जेब में या जूते में नहीं डालती।

स्वतन्त्रता की तीव्र इच्छा और उसके लिए पहल तथा उस पहल के समर्थन में लिखा गया साहित्य ही समकालीन साहित्य है।

*　　　　*　　　　*

ऐसा क्यों है कि ज्यादातर लोग कविता से नहीं कविता के शिल्प से ऊब जाते हैं और सवाल जब समूची कविता को बदलने का है, वे महज शिल्प बदल

देते हैं, गोया नींद में करवट बदल ली।

*   *   *

...पता नहीं रस्ते में कब धोखा दे जाएँ तार छोड़ते टायर-सी अपनी कविताएँ।

*   *   *

भाषा में शब्दों की ट्रिक कामयाब होने पर कविता और असफल होने पर चमत्कार बनती है।

*   *   *

कविता का एक मतलब यह भी है कि आप आज तक और अब तक कितना 'आदमी' हो सके हैं। दूसरे शब्दों में कहूँ तो यह कि कविता की असली शर्त 'आदमी' होना है।

*   *   *

एकता पशुओं का आपद्धर्म है।

*   *   *

कविता का मतलब है 'भाषा में आदमी होना।'

कविता हिंसा की हिंसा करती है।

*   *   *

आदमी की 'विट' और कविता में 'विट' दो अलग-अलग चीजें हैं। 'कविता में विट' उस नाथ की तरह है जिसके जरिये बैल को एक रस्सी के सहारे हलवाहा का नन्हा इकलौता भी खेत तक पहुँचा आता है।

*   *   *

'कविता में आना' यह सही है कि सरल नहीं है, मगर मेरे समीप इसके सिवा कोई दूसरा हल नहीं है। उलझहनों के बाहर उलझते दिनों और तनावों में यह सही है कि—

घास के सूखने का दर्द
अब एक साथ सहते हैं साँड़
और मैदान
और मर्द
लेकिन सतहों के अक्सों को
दुहराता है चुपचाप नि-जड़ा आसमान

कीचड़ के जिस्म में। कहीं भी। कोई हलचल नहीं है।
कोई हलचल नहीं है।
जागती हुई रातों का
बहसों के बीच
बातों से बाहर
बेतहाशा भागती हुई बातों का
कोई हल नहीं है
हमारे पास
इसलिए कीचड़ में
शब्दों को फेंक रहा
देश अँधेरे में अपने को फेंक रहा।

* * *

"'आज का कवि वैज्ञानिक चेतना का कवि है, एक ऐसा कवि, जिसकी दृष्टि विश्व की सम्पूर्ण क्रिया-शीलता का अध्ययन कर रही है। उसके सामने तीव्र गामी विकास है, निरन्तर परिवर्तन की श्वास से दहकता हुआ। हर वस्तु, हर मान्यता टकराती हुई, टूटती हुई और पुनः संयोजित होने के लिए आतुर। और स्थापत्य की इस भयावह संक्रामकता में अस्तित्व अकेला रह गया, घुटन भरे वातावरण में खण्डित व्यक्तित्व। पर अनास्था हमारी कविता का मूल स्वर नहीं, और इसके प्रमाण हैं, नयी कविता के कुछ अकुन्ठित गायक"' ।

* * *

"'आज नई कविता बदनाम है, अपने शिल्पगत प्रयोगों के लिए नहीं, वस्तुगत जीवन मूल्यों के नहीं, बल्कि खण्डित बिम्बों के लिए अस्पष्ट, नितान्त असंगत एवं बौद्धिक प्रतीकों के लिए, अपनी गद्यात्मक एकलयता की वृत्ति के लिए और साथ ही घुटन में ऊब कर, शहीद होने की दिखावट के लिए।

नई कविता का नाम सुनकर हमारा पाठक कविता के प्रति अनास्था से उसी प्रकार भर उठता है जैसे किसी महन्त को देख कर धर्म के प्रति। क्योंकि विगत छल-कपट एवं आत्मिक कष्ट-प्रवंचनाओं की प्रतिक्रिया हमारे विश्वास को झकझोर देती है। उसे कविता की अप्रेषणीयता या पाठक का बौद्धिक अविवेक कहकर झुठलाना वृथा है। हमें नयी कविता के आगे सोचना है, नयी कविता के नाम पर फैली विकृति के विषय में सोचना है। दलदल पर नये तख्ते रखने हैं ताकि नये भाव, नयी आस्थाएँ उसे पार कर सकें। इसके लिए हमें एकान्त की 'दमघोंट' उचाट से बाहर निकल कर, प्रश्नों के उत्तर ढूँढते चौरस्तों पर खड़ा

होना पड़ेगा।

*   *   *

···युवा लेखन अपना काम कर रहा है। पत्रिकाओं में और किताबों में, पाठ्यक्रमों में संठ होने की जगह वह तेजी से 'ज़रूरी जनता' के हाथों तक, उनकी ज़ुबान तक पहुँच रहा है। नए आँकड़े तै करो तो पता चले कि युवा लेखन सम्बद्ध लोगों का दस्ता कितना बड़ा है और किस तरह तेजी से बढ़ रहा है। और यह पर्दानशीन साहित्यिक चोचलेबाजी··· नाश हो इसका धीरे-धीरे ज़मींदोज़ हो रही है। इसका खात्मा जरूरी है। जो शुरू हो चुका है।

युवा लेखन के लिए राजनीतिक समझदारी जरूरी है। बिना इस राजनीतिक समझदारी के आज का लेखन सम्भव नहीं। यह वर्गों की समझदारी है। क्या बराबरी का दर्जा और आत्म हीनता से मुक्ति का रास्ता एक नहीं है ? यह आता कहाँ से है ? आर्थिक मुक्ति से। और इस को सब टुकड़खोर और हरामखोर शब्दों के कुहासे से ढकने की व्यर्थ कोशिश करते रहे हैं। क्या युवा लेखक भी इसी में शरीक हो जायें ? नहीं, वह इस षड़यन्त्र के ख़िलाफ़ भीषण प्रतिशेध में लगा है। वह आफेंसिव है। सहना नहीं, अब वह प्रत्याक्रमण में भी पहल कर रहा है। ऐसे में टुकड़खोर भाषायी गुलाम फिर बहकावे में एकजुट हो रहे हैं और अपने भड़ौवे अन्दाज में मटक रहे हैं। 'युवा' होने और समकालीन समझ रखने की ताब के लिहाज से ऐसे में तुम्हें दुबारा सोचना है कि तुम लोग क्या करोंगे ?

...अपरिचित भी जानता है
उजले केशों वाली रोशनी ने
जब भी दस्तक दी है
दरवाज़े खुलते हैं

जवाहरलाल नेहरू की मृत्यु पर

—दिन
जो सुबह-सुबह शुरू हुआ
दोपहर में
खत्म हो गया
मेरा सूरज खो गया

शेष बचा जो कुछ, उसकी
काली छाया में
यह कोई बीमार रोशनी
अन्धकार की ओर दौड़ती
धरती पर फिर
फिसल गयी है

युग-युग से विकास-पथ
जिससे आलोकित था
आह ! वही मोती की आभा
मेरी मुट्ठी खोल अचानक निकल गयी है

और एक युग बीत गया है
थकी हुई घायल आहुतियाँ आज शून्य के बन्दीगृह में

सिसक उठी हैं
हवाओं में एक ही चर्चा है—
महाकाल फिर जीत गया है।
सबकी आखों में एक ही भय
झाँकता है

असंख्य मुरझाए गुलाब
हवा में उड़ते हुए संकेतों से पूछते हैं—
कहाँ है वह प्यार और दर्द भरा अपनापन
जो हमें सीने पर टाँकता था।

पार्कों में बच्चे नहीं हैं
किसी असम्भव मृत्यु की सूचना की तरह
(दृश्य धूप के पन्नों पर उड़ते हैं और)
मैं एक विशाल बरगद को
सड़क के बीचोंबीच गिरा हुआ
देख रहा हूँ।

भूत-कालीन क्रियाओं से
घिरे हुए लोग
समय की अर्थी उठाए चल रहे हैं

चीत्कार करती दिशाओं में
हर कहीं दीखता है
विवर्णमुख
आदमी का सुख।
बेसाख्ता चीखता है

हे ईश्वर ! हमें शक्ति दे
कि हम अपनी असमर्थताओं पर
शर्म करें, क्षमा के योग्य हों

और खुलकर रो सकें।

हे ईश्वर ! हमारे रिश्तों में बल दे
हमारी रीढ़ की हड्डी में बल दे
कन्धों को थपथपा
कि हम आगत के लिए जिएँ
प्रस्तुत को ढो सकें।

सबके मन में केवल इतनी चाह है–
कोई आए और और
इतना कहे

–अरे सत्य यह नहीं, महज़
अफवाह है।
अभी अभी तो हम
विकास के अभियानों में जुड़े हुए
आगे बढ़े, किन्तु फूलों से चमन हमारा भरा नहीं है
रुको हवाओ
समाचार के पीछे, मत हमको दौड़ाओ
अभी हमारा वीर जवाहर मरा नहीं है।

आस्था

रोशनी के दस्तावेज
फट गए हैं
और टूट गई है
उपलब्धियों की वार्ता

फिर भी
अँधेरे की मुँडेर पर
अमर-बेलि लहकी है :
मुझमें पूरे समूह का भय–
चीखता है
दिग्विजय ! दिग्विजय !!

दस्तक

हम न देखें
लेकिन अन्धकार वर्ष को चीर कर
प्रकाश की लचीली बाँह
हमें छूती है

हम दरवाजा न खोलें
लेकिन शहर में
किसी भी सड़क पर
घूमने वाली बीमार रफ्तार
इस अस्पताल के सदर गेट पर
दस्तक देती है

हम न कहें
लेकिन चेहरों पर टँगे नक्शे से
अपरिचित भी जानता है
रेखाएँ, चिन्ह
आकार, बिन्दु
न केवल असफल वर्णन है
न केवल उदासीन मानचित्र
हम न देखें–अपने को
हम न कहें–किसी से

लेकिन अपरिचित भी जानता है
उजले केशों वाली रोशनी ने
जब भी दस्तक दी है
दरवाजे खुलते हैं
और मिलता है मस्तिष्क में
एक भरा पूरा नगर
जहाँ बूढ़ी रोशनी के साथ
हम भी हो लेते हैं।

देश-प्रेम : मेरे लिए

(एक बीमार आदमी का वक्तव्य)

दिन भर के बाद
भोजन कर लेने पर
देश-प्रेम से मस्त एक गीत
गुनगुनाता हूँ
जिसे अमीर ख़ुसरो ने लिखा है :
अन्य लोगों की तरह
मैं इतना कृतघ्न नहीं कि उस जमीन को धिक्कार दूँ

जिस पर मेरा जन्म खड़ा है
मेरे लिए मेरा देश—
जितना बड़ा है : उतना बड़ा है।

वह दिन बीत गया
जब किसी ने रिपब्लिक की जिल्द पर
सुकरात की अत्यन्त कामातुर तस्वीर चिपका दी
और मैं दुखी हो गया,

वह दिन भी बीत गया—
जब जमीन पर देशों की सीमाएँ खिंचते ही
मेरे मुख पर झुर्रियाँ बढ़ जाती थीं

किन्तु, जो कभी नहीं किया–
वही मैंने अब सीखा
रोना–और भूख के लिए
निरा पागलपन है
देश-प्रेम मेरे लिए–
अपनी सुरक्षा का
सर्वोत्तम साधन है।

सचाई अब मुझसे इतनी करीब है
कि रोशनी का होना भी
मेरे लिए केवल तहजीब है।

(हर चीज साफ़ है–
अपने हैं आप तो
सौ खून माफ़ है।)
नेकर के नीचे का सारा नंगापन
कालर के ऊपर उग आया है :
चेहरे बड़े घिनौने लगते,
पर इससे क्या फर्क पड़ गया
अगर बड़ी छायाओं वाले बौने लगते

और अन्त में–
सबकी सुनकर सब कुछ गुनकर
मैंने भी नक्शे के ऊपर
लाल कलम से जगह घेर दी
और उसी सीमा के भीतर
अपने घायल कबूतरों को
फिर से उड़ना सिखा रहा हूँ।

किस्सा जनतन्त्र

करछलु–
बटलोही से बतियाती है और चिमटा
तवे से मचलता है
चूल्हा कुछ नहीं बोलता
चुपचाप जलता है और जलता रहता है

औरत–
गवें गवें उठती है–गगरी में
हाथ डालती है
फिर एक पोटली खोलती है।
उसे कठवत में झाड़ती है
लेकिन कठवत का पेट भरता ही नहीं
पतरमुही (पैथन तक नहीं छोड़ती)
सरर फरर बोलती है और बोलती रहती है

बच्चे आँगन में–
आँगड़ बाँगड़ खेलते हैं
घोड़ा-हाथी खेलते हैं
चोर-साव खेलते हैं
राजा-रानी खेलते हैं और खेलते रहते हैं
चौके मे खोई हुई औरत के हाथ

कुछ भी नहीं देखते
वे केवल रोटी बेलते हैं और बेलते रहते हैं

एक छोटा-सा जोड़-भाग
गश खाती हुई आग के साथ-साथ
चलता है और चलता रहता

बड़कू को एक
छोटकू को आधा
परबत्ती बालकिशुन आधे में आधा
कुल रोटी छै
और तभी मुँहदुब्बर
दरबे में आता है–खाना तैयार है ?
उसके आगे थाली आती है
कुल रोटी तीन
खाने से पहले मुँहदुब्बर
पेट भर
पानी पीता है और लजाता है
कुल रोटी तीन
पहले उसे थाली खाती है
फिर वह रोटी खाता है

और अब–
पौने दस बजे हैं–
कमरे की हर चीज़
एक रटी हुई रोज़मर्रा धुन
दुहराने लगती है
वक्त घड़ी से निकलकर
अँगुली पर आ जाता है और जूता

पैरों में, एक दन्तटूटी कंघी
बालों में गाने लगती है

दो आँखें दरवाज़ा खोलती हैं
दो बच्चे टाटा कहते हैं
एक फटेहाल कलफ कालर–
टाँगों में अकड़ भरता है
और खटर पटर एक ढढ्ढा साइकिल
लगभग भागते हुए चेहरे के साथ
दफ़्तर जाने लगती है
सहसा चौरस्ते पर जली लाल बत्ती जब
एक दर्द हौले से हिरदै को हूल गया
'ऐसी क्या हड़बड़ी कि जल्दी में पत्नी को
चूमना–
देखो, फिर भूल गया।'

प्रजातन्त्र के विरुद्ध

पेट में धँसे छुरे के साथ भागती है अलारक्खी
सस्ते गल्ले की दुकान की बाहरी
दीवार से टकराती है। उसकी खून भरी मुट्ठी में भिंचा हुआ
राशन कार्ड, हरित क्रांति के विरुद्ध,
उसकी टाँगों में आफ़त है

मौत के सिरे पर एक जिन्दगी
शुरू हो रही है। ए भाई रमजान ! ए रामनाथ !!
पेट से छुरा निकालने के पहले
उसकी टाँगों में फटती हुई आफ़त को
निकालो।

और उस आततायी की तलाश करो, हाय हाय
इस बच्चे के पिता इस औरत के पति की तलाश करो
यहीं कहीं
हाँ-हाँ यहीं कहीं होगा
किसी बद्दू मुहावरे की आड़ में
खुदकुशी की रस्सी लटकाता हुआ,
पेट से लड़ते-लड़ते जिसका हाथ अपने प्रजातन्त्र पर
उठ गया है।

कविता-श्रीकाकुलम्

(द गन इज
नाट इन द
हैंड्स आफ़ द
पीपुल–जे.पी.)

एक आदमी–
दूसरे आदमी की गरदन
धड़ से
अलग कर देता है

जैसे एक मिस्त्री बल्टू से
नट अलग करता है

तुम कहते हो–यह हत्या हो रही है
मैं कहता हूँ–मेकेनिजम टूट रहा है

नहीं इस तरह चेहरा
मत सिकोड़ो और न कन्धे ही
उचकाओ
मुझे मालूम है–सबूत के लिए

तुम कह सकते हो कि खून
बह रहा है।
लेकिन इतना ही काफी नहीं है
और ख़ून का रंग लाल है

असली सवाल है यह जानना
कि बहता हुआ ख़ून क्या कह रहा है

यह हत्याकाण्ड़ नहीं है सिर्फ़ लोहे को
एक नया नाम दिया जा रहा है

और सबूत के लिए यदि तुम
देखना ही चाहते हो
तो चलो मेरे साथ
मैं तुम्हें दिखलाता हूँ भाषा के जंगल में
कविता का वह वर्जित-प्रदेश
जहाँ कायरता
एक खाली तमंचा फेंक कर
भाग गई है और साहस
चन्द पके हुए बालों के साथ
आगे बढ़ गया है–
अँधेरे में।

आतिश के अनार-सी वह लड़की

(कुमारी रोशनआरा बेगम के लिए-जिसने खुद को आततायी टैंक के नीचे बम के साथ डाल लिया)।

'आजाद रहना हर वक्त एक नया अनुभव है' वह प्यारी लड़की !
अपने देशवासियों के खून में हमलावर दाँतों की रपट पढ़ना
और उसके हिज्जे के ख़िलाफ़ कदम ब कदम
मौत के फैसले की ओर बढ़ना
छाती पर बाँधकर बम
कम से कम, कहें जिन्हें कहना है यह अद्भुत साहस था बीसवीं
शताब्दी के आठवें दशक के तीसरे महीने में
लेकिन मैं सिर्फ़ यह कहना चाहूँगा—वह एक भोली ज़रूरत थी
औसतन गलत जिन्दगी और सही मौत के चुनने का सवाल था
इसे अगर कविता की भाषा में कहूँ—'यह जंगल के ख़िलाफ़
जनतंत्र का मलाल था'

बाबुल के देश का चुटिहल धड़कता हुआ टुकड़ा था सीने में
और फैसले का वक्त था।

एक हाथ जो नाजुक जरूर था लेकिन बेहद सख्त था—
आज़ाद अनुभवों की लकीर को पूरब की ओर आगे तक
खींच रहा था

और लोग चकित थे देखकर कि एक नंहा गुलाब
किस तरह लोहे के पहाड़ को अपनी मुट्ठी में भींच रहा था
ठीक इसी तरह होता है
जवानी जब भी फ़ैसले लेती है
गुस्सा जब भी सही जनून से उभड़ता है
हम साहस के एक नए तेवर से परिचित होते हैं
तब हमें आग के लिए
दूसरा नाम ढूँढना नहीं पड़ता है।

मुमकिन था यह भी कि अपने देशवासियों की ग़रीबी से
साढ़े तीन हाथ अलग हटकर
एक लड़की अपने प्रेमी का सिर छाती पर रखकर
सो रहती देह के अँधेरे में
अपनी समझ और अपने सपनों के बीच

मैं उसे कुछ भी न कहता सिर्फ कविता का दरवाज़ा
उसके लिए बन्द रहता लेकिन क्या समय भी उसे
यूँ ही छोड़ देता ?

वह उसके चुम्बन के साथ बारूद से जले हुए गोश्त का
एक सड़ा हुआ टुकड़ा जोड़ देता
और हवा में टाँग देता उसके लिए
एक असंसदीय शब्द–नीच !
मुमकिन यह भी था कि थोड़ी-सी मेंहदी और
एक अदद ओढ़नी का लोभ
लाल तिकोने के ख़िलाफ़ बोलता जिहाद
और अपने 'वैनिटी बैग' में छोड़कर बच्चों की एक लम्बी फेहरिस्त
एक दिन चुपचाप कब्र में सो जाती हौवा की इंकलाबी औलाद
लेकिन ऐसा हुआ नहीं।
ओ प्यारी भाभियो !

ओ नटखट बहिनो !
सिंगार-दान को छुट्टी दे दो
आईने से कहो वह कुछ देर अपना अकेलापन घूरता रहे
कंघी को झड़े हुए बालों की याद में गुनगुनाने दो
रिबन को फेंक दो बाड़िडस की अलगनी पर
यह चोटी करने का वक्त नहीं और न बाजार का
बालों को ऐंठकर जूड़ा बाँध लो
और सब के सब मेरे पास आ जाओ,
देखो, मैं एक नई और ताज़ा खबर के साथ
घर की दहलीज़ पर खड़ा हूँ

ओह ! जैसा मैंने पहले कहा है–
बीस सेबों की मिठास से भरा हुआ यौवन
जब फटता है तो न सिर्फ टैंक टूटते हैं
बल्कि ख़ून के छींटे जहाँ-जहाँ पड़ते हैं
बंजर और परती पर आज़ादी के कल्ले फूटते हैं
और ओ प्यारी लड़की !
कल तू जहाँ आतिश के अनार की तरह फूटकर
बिखर गई है ठीक वहीं से हम
आज़ादी की वर्षगाँठ का ज़श्न शुरू करते हैं।

मुक्ति के तुरन्त बाद

हवा हताश सर्पिणी की तरह फ़न पटक रही थी
और काँपता हुआ अन्धकार सुनाई पड़ता था मौत की दाढ़ों में
जैसे फँसा हुआ रुदन।

यातना के अपने स्वाद होते हैं साथियो !
चमड़े पर बजती हुई सनसनी में
ज़जीरों का सपना अपना मोर्चा छोड़ गया था

और मैं यहाँ था अन्धे कुएँ से बाहर : मुक्त और निःसंग
मौत और हथेली के बीच फ़र्क तय करता हुआ।

और तब। पहली बार दूर से आता हुआ आदमी। एक पूरा देश
लग रह था

क्या मैंने पेड़ की आत्मीयता की बात की
क्या मैंने कहा कि धूप माँ की गोद-सी गर्म थी
क्या मैंने क़हा कि थरथराती हुई ज़ुबान
डबडबायी आँख में बदल गई थी

नहीं मैंने ऐसा कुछ नहीं किया
घाव की अपनी खामोशी होती है साथियो !

मगर मैंने सहसा महसूस किया कि
लहू का एक कतरा
गेहूँ के दाने में गुनगुना उठा है
और इतिहास के मोड़ पर
एक ज़िन्दा परछाईं गहरा गई है।

एक कविता : कुछ सूचनाएँ

सबसे अधिक हत्याएँ
समन्वयवादियों ने कीं।
दार्शनिकों ने
सबसे अधिक ज़ेवर खरीदा।
भीड़ ने कल बहुत पीटा
उस आदमी को
जिसका मुख ईसा से मिलता था।

वह कोई और ही महीना था।
जब प्रत्येक टहनी पर फूल खिलता था,
किन्तु इस बार तो
मौसम बिना बरसे ही चला गया
न कहीं घटा घिरी
न बूँद गिरी
फिर भी लोगों में टी. बी. के कीटाणु
कई प्रतिशत बढ़ गए

कई बौखलाए हुए मेंढक
कुएँ की काई लगी दीवाल पर
चढ़ गए,
और सूरज को धिक्कारने लगे

—व्यर्थ ही प्रकाश की बड़ाई में बकता है,
सूरज कितना मजबूर है
कि हर चीज पर एक-सा चमकता है।

हवा बुदबुदाती है
बात कई पर्तों से आती है—
एक बहुत बारीक पीला कीड़ा
आकाश छू रहा था,
और युवक मीठे जुलाब की गोलियाँ खाकर
शौचालयों के सामने
पंक्तिबद्ध खड़े हैं।

आँखों में ज्योति के बच्चे मर गए हैं
लोग खोई हुई आवाजों में
एक दूसरे की सेहत पूछते हैं
और बेहद डर गये हैं।

सब के सब
रोशनी की आँच से
कुछ ऐसे बचते हैं
कि सूरज को पानी से
रचते हैं।

बुद्ध की आँख से खून चू रहा था
नगर के मुख्य चौरस्ते पर
शोकप्रस्ताव पारित हुए,
हिजड़ों ने भाषण दिए
लिंग-बोध पर,
वेश्याओं ने कविताएँ पढ़ीं
आत्म-शोध पर
प्रेम में असफल छात्राएँ

अध्यापिकाएँ बन गयी हैं
और रिटायर्ड बूढ़े
सर्वोदयी–
आदमी की सबसे अच्छी नस्ल
युद्धों में नष्ट हो गयी,
देश का सबसे अच्छा स्वास्थ्य
विद्यालयों में
संक्रामक रोगों से ग्रस्त है

(मैंने राष्ट्र के कर्णधारों को
सड़कों पर
किश्तियों की खोज में
भटकते हुए देखा है)

संघर्ष की मुद्रा में घायल पुरुषार्थ
भीतर ही भीतर
एक निःशब्द विस्फोट से त्रस्त है

पिकनिक से लौटी हुई लड़कियाँ
प्रेम-गीतों से गरारे करती हैं
सबसे अच्छे मस्तिष्क,
आरामकुर्सी पर
चित्त पड़े हैं।

सुदूर पूर्व में

सुदूर पूर्व में
जहाँ चमकते सितारों को
बमवर्षकों ने अपनी आड़ में ले लिया है,

धरती पर, एक हरी पत्ती
ओस-कणों के लिए
अब भी रात बीतने का इन्तजार
कर रही है,

और हवा
किसी पूजा-गृह से सुगन्धित प्रार्थना-स्वरों को
आत्मा के प्रवेश-द्वार तक छोड़ आने के लिए
तत्पर है
समुद्र के पश्चिमी सिरे पर, सूर्यास्त
जब किसी प्रज्वलित घण्टा-ध्वनि-सा
गूँज उठता है
तुम अपना स्नेह भरा कोमल हाथ
मेरे कन्धे पर रख देते हो
और मैं समझने लगता हूँ कि दुनिया
ज्वालामुखियों के दहाने पर भी
इतनी ठण्डी क्यों है।

रोटी और संसद

एक आदमी
रोटी बेलता है
एक आदमी रोटी खाता है
एक तीसरा आदमी भी है
जो न रोटी बेलता है, न रोटी खाता है
वह सिर्फ रोटी से खेलता है
मैं पूछता हूँ–
'यह तीसरा आदमी कौन है ?'
मेरे देश की संसद मौन है।

लेनिन का सिर

मैं वह सिर देखता हूँ,
भाई गजब :
लोहा भी सोचता है।
फिर देखते ही देखते
वह सिर बदल जाता है
निग्रो औरत के
पुष्ट दूध भरे विशाल स्तन में,
पीप्-पीप् करते-करते बम में
जिसे छापामार दस्ते ने दुश्मन की ओर
फेंका है।

-सैकड़ों नीली-नीली नसें कौंधती हैं ताजा और
तेज खून लेकर भागती हुई जहाँ
आदमी के लिए सैकड़ों ज़िन्दा विचार
भाष्य बनने के लिए व्याकुल हैं।

जब पेड़ किसी खोटे सिक्के-सा
उछल कर घाटी की गुमसुम हथेली पर
बेखनक गिरता है—एक तना
दूसरे तने को चाकू फेंकना सिखाता है

शब्द जहाँ सक्रिय हैं

'कविता हत्या नहीं करती'–
आखिरी झण्डी रँगते हुए बड़े भाई ने कहा–
'ख़ून की रपट के कानूनी
मसलों पर
लाश के पास पाए गए हथियारों की
पड़ताल करती है
ताकि न्याय कायम हो।'
'कविता–
मँझले भाई ने रस्सी बटते हुए
कहा–जब ज़्यादातर लोग सहमत होने
लगते हैं सुविधा के किसी खास
नुक्ते पर वाजिब शंकाओं के साथ
हक जैसे एक मामूली शब्द को
मोर्चे पर बहाल करती है
सत्य की सुरक्षा हो इसलिए।'

मगर छोटे भाई ने कोई उत्तर नहीं दिया
अपनी अँगुलियों पर पिता के नाखून
देखता हुआ वह सहसा उठा
और अपने हिस्से की रोटी के साथ
जंगल को चला गया

कुनबा अवाक्–
झटके से झूल गई भाषा की लोथ
पटरा सीवान में
सन्नाटा फाँसी के तख्ते-सा खड़ा था
और हवा–
हत्या की तरह काँप रही थी

कहीं कोई उत्तर नहीं
पीढ़ियों की बहस का सिलसिला
बीच ही से टूट चुका था और कविता
आखिरी आदमी की अँगुली पकड़कर
भूमिगत हो गई थी

तब से कितने आरोप दहुराए गए हैं
गुजरे दशक की खबरायी सुर्खियाँ
अफवाहों से पीली हो चुकी हैं
मगर लड़ाई में शरीक
मेरी अँगुलियों का ख़ून है कि सूखता ही नहीं,
और अब तो तिहत्तर है आठवें दशक ने
अभी-अभी दूसरी खूँटी तोड़ी है
और धीरे-धीरे मनुसा रहा है।
इस वक्त अलग से
मुझे कुछ भी नहीं कहना है
मैं सिर्फ़ इतना भर जानता हूँ–
कि नदी के मुहाने पर
हलचल है और जंगल
अपना रास्ता बदल रहा हे
रात के अँधेरे में

दरारों से निकलते हैं सधे हुए
चट्टानी पैर और पानी की सतह से
बिजली के शब्द फूल तोड़ लाते हैं
जिसके सहारे
आकाशगंगा के किनारे जगमग
सितारों के पास
एक झाड़ी
जुगनुओं के इशारे भेजती है
बत्ती के मद्धिम प्रकाश में

जब पेड़ किसी खोटे सिक्के-सा
उछलकर घाटी की गुमसुम हथेली पर
बेखनक गिरता है—एक तना
दूसरे तने को चाकू फेंकना सिखाता है

और ठीक उसी वक्त कविता
शब्दों पर सान चढ़ाने का काम
शुरू करती है जब आदमी के
दर्दीले गले से कोई अगिन-गीत
फूटता है
और यह सब जिसके इशारे पर होता है
उस अधेड़ दाढ़ी का चेहरा
हूबहू तीसरे भाई से मिलता है
मैं सिर्फ इतना भर जानता हूँ कि शब्द
जहाँ सक्रिय हैं, भूख का सिलसिला
भाईचारे की ज़मीन पर
छापामार सीटियाँ बजाने लगा है
और तब ही से भाइयो ! मेरे पुरवासियो !!
मेरे पड़ोस की चुनमुन चिरैया

अपना घोंसला लोहे की जालियों से
बुनने लगी है और मेरी छप्पर का
एक नन्हा तिनका
जंगल की शाख होने का सपना
देखने लगा है।

अन्तर

कोई पहाड़
संगीन की नोक से बड़ा नहीं है।
और कोई आँख
छोटी नहीं है समुद्र से
यह केवल हमारी प्रतीक्षाओं का अन्तर है–
जो कभी
हमें लोहे या कभी लहरों से जोड़ता है।

बारिश में भीग कर

सहसा हम क्यों चाहने लगते हैं हमारे सिरों पर
छत हो
(जनतान्त्रिक) वर्षा में धूली हुई
क्या यह खुली सड़क काफी नहीं है
(सचाई और शोहरत के बीच बिछी हुई संसद तक)
फिर हम एक छत क्यों चाहते हैं जब कि यह
सही कवियों और तुक्कड़ों की
पहचान का समय है ?

तुमने अपना सिर बरखा को दे दिया है बेलौस
धन्यवाद जन-कवि और तुमने उसे
टपकती हुई टप्पर के नीचे छुपा लिया है
बातूनी नागरिक ? तुम्हें भाषा से अधिक
अपने भीगने का भय है

यह तुम्हारा मुहावरा है
बारिश में भीग कर चमड़े को खतरा है
–इस वक्त मुनादिया अपनी डुग्गी बजा रहा है
–सईस अपने घोड़े की जीन
–नाई उस्तरा रपटने का पट्टा छिपा रहा है

—और राजनयिक
ज़ाती गुटबन्दी की सतही 'छ-तीन'
और यह भी सही है कि बारिश में भीगकर
चमड़े की हर चीज़ अपनी औकात से
औसतन कुछ ज्यादा हो जाती है
क्योंकि चमड़े पर बजने वाली सुविधा
जल थुलथुल मसक-मसलन मादा हो जाती है

वाकई चमड़े को खतरा है। तुक्कड़ जी !
राम-राम जाइए !
और रामझरोखे बैठकर शाम का तुक
लगाम से मिलाइए।

लेकिन कविता चमड़ा नहीं है
इसीलिए कविता में गाती है घास
आदमी की जुबान से तिनका भर आगे बढ़कर
सदियों से अपने रौंदे जाने का इतिहास
'सहना ही जीवन है जीवन का जीवन से द्वन्द्व है
मेरी हरियाली में मिट्टी की करुणा का छन्द है'
और यही कारण है कि दल बदल करते उतावले
बादलों को चाबुक से पीटकर
जीवन रस गारती है। दौड़-दौड़ सारे आकाश में
बिजली
सदियों से रौंदी हुई घास को पुकारती है
इसीलिए कविता में मामूली (पनरोपना)
डिब्बा गुर्राता है झुग्गी के छेद से
'टपकता है तो टपक
लेकिन बिजुरी की अँगुरी पकड़
कथरी पर सोये हुए मुन्ने पर मत लपक।'

और कवि इन्हीं छोटे-छोटे ब्यौरों को गाता है
उसकी यही साख है
उसके लिए कविता सिर्फ़ शब्दों की बिसात नहीं
वाणी की आँख है
बारिश में भीगकर आल्हादित कवि
नंगे सिर घूमता है कीच भरे रस्तों पर

अनुभव के नए-नए पृष्ठों पर
भाषा के समर्थन में बूँदें गिरती हैं
जैसे सामूहिक हस्ताक्षर अभियान में
आसमानी दस्तख़त।
और कविता—कविता से भीगती है
तृप्त और कृतज्ञ जैसे पानी—
पानी से भीगता है समरस और शान्त।

दूसरे का घर

कौन-सी आत्मीयता
ठहराव का कौन-सा बहाना ढूँढते हुए
तुम यहाँ आते हो रोज ?

वही खुफिया आँखें
वही आत्माएँ बूढ़ी खूँखार
यहाँ भी तुम्हें घूरती हैं जो न जाने कब से
सड़क पर तुम्हारा पीछा कर रही थीं

तुम्हारी जेब में क्या है ? प्यार ?
उसे बाहार गली में फेंक दो।
यह दूसरे का घर है–
और शहर की जुबान में
तुम्हारी भाषा और उम्मीद के बीच
वे काठ का एक टुकड़ा रख देंगे
या फिर एक प्याली गर्म चाय–
'पियो जी कवीजी मराज !'

सोचते क्या हो ? अपनी शर्म में डूब
मरने का कोई दूसरा उपाय ?
ढूँढ लो,

हो चुके हो तुम बाज़ार से बाहर
तुम्हारे नाख़ून बहुत छोटे हैं और होने के बाद भी
तुम पशु बनने को तैयार नहीं हो।
तुम्हारे चेहरे से आज भी आदमीयता की गन्ध
आती है।

क्या कहा–दया ? लेकिन याद क्यों नहीं करते–
दया का एक रुख हाय ! यह भी है कि जो जाति
ठण्ढ के माकूल दिनों में आदमी का ख़ून
खींच लेती है, गर्मी के 'मौसम' में
पौसरा चलाती है।

और यह दूसरे का घर है,
और
तुम्हारा दोष यह है कि तुम सब कुछ समझते हो–
दाँत और सिक्के में कौन-सा रिश्ता है ?
दीवारों की मातृ-भाषा क्या है ?

कल

देह के बसन्त में वापस लौटते हुए, कल तुम पाओगे
अपनी नफ़रत के लिए कोई कविता जरूरी नहीं है
अपने जालों के साथ लौट जाएँगे
वे जो शरीरों की बिक्री में माहिर हैं।

कल तुम ज़मीन पर पड़ी होगी और बसन्त पेड़ पर होगा
नीमतल्ला, बेलियाघाट, जोड़ाबगान
फूलों की मृत्यु से उदास फूलदान
और उगलदान में कोई फर्क नहीं होगा।

दिनचर्या

सुबह जब अन्धकार कहीं नहीं
होगा। हम बुझी हुई बत्तियों को
इकट्ठा करेंगे और
आपस में बाँट लेंगे

दुपहर जब कहीं बर्फ़ नहीं
होगी और न झड़ती हुई पत्तियाँ
आकाश नीला और स्वच्छ
होगा नगर
क्रेन के पट्टे में झूलता हुआ
हम मोड़ पर मिलेंगे और
एक दूसरे से ईर्ष्या करेंगे

रात जब युद्ध एक गीत-पंक्ति की तरह
प्रिय होगा हम वायलिन को
रोते हुए सुनेंगे
अपने टूटे सम्बन्धों पर सोचेंगे।
दुखी होंगे।

नगर-कथा

सभी दुखी हैं–
सबकी वीर्य-वाहिनी नलियाँ
सायकिलों से रगड़-रगड़ कर
पिर्ची हुई हैं
दौड़ रहे सब–
सम-जड़त्व की विषम प्रतिक्रिया :
सबकी आँखें सजल
मुट्ठियाँ भिंची हुई हैं;

व्यक्तित्वों की पृष्ठ-भूमि में
तुमुल नगर-संघर्ष मचा है
आदिम-पर्यायों का परिचय
विवश आदमी
जहाँ बचा है।

बौने पद-चिन्हों से अंकित
उखड़े हुए मील के पत्थर
मोड़-मोड़ पर दीख रहे हैं,
राहों के उदास ब्रह्मा-मुख
'नेति-नेति' कह
चीख रहे हैं।

गृहस्थी : चार आयाम

मेरे सामने
तुम सूर्य नमस्कार की मुद्रा में
खड़ी हो,
और मैं लज्जित-सा तुम्हें
चुप-चाप देख रहा हूँ
(औरत : आँचल है,
जैसा कि लोग कहते हैं–स्नेह है,
किन्तु मुझे लगता है–
इन दोनों से बढ़कर
औरत एक देह है)

मेरी भुजाओं में कसी हुई
तुम मृत्यु की कामना कर रही हो
और मैं हूँ–
कि इस रात के अन्धेरे में
देखना चाहता हूँ–धूप का
एक टुकड़ा तुम्हारे चेहरे पर।

रात की प्रतीक्षा में
हमने सारा दिन गुजार दिया है

और अब जब कि रात
आ चुकी है
हम इस गहरे सन्नाटे में
बीमार बिस्तर के सिरहाने बैठकर
किसी स्वस्थ क्षण की
प्रतीक्षा कर रहे हैं

न मैंने
न तुमने
ये सभी बच्चे
हमारी मुलाकातों ने जने हैं
हम दोनों तो केवल
इन अबोध जन्मों के
माध्यम बने हैं।

सापेक्ष्य-संवेदन

बम फटने का
दुख तो होता है पर
उतना ज्यादा नहीं, चाय के
ठण्डे होने का दुख जितना।

कहीं देखकर बलात्कार की कोई घटना
उतनी देर तड़पती रहतीं नहीं धमनियाँ
जितनी उस क्षण–
जब दो परिचित-सी आकृतियाँ
नीची आँखें किए, परस्पर
बिना कहे कुछ
पास-पास से गुजर गई हों।

दुःख होता है अगर किसी की
मिली नौकरी छूट गई हो
लेकिन उतना नहीं
कि जितना–
बार-बार सुनने पर भी फटकार
आदमी, लौट काम पर
फिर आया हो–

कालर फटी कमीज़ पहनकर

वह दुःख सभी सहन कर
लेते हैं जो अर्थी के उठने पर
उग आता है,
लेकिन यह असह्य संवेदन
मन को तोड़-तोड़ जाता है–
यात्राओं की अन्तिम गाड़ी
एक छोर पर रुकी हुई हो
पंगुल बच्चों की कतार जब
सड़क पार करने की आतुर मुद्राओं में
बैसाखी पर झुकी हुई हो।

युवा सदी गाती है

लड़कों के चेहरों से टूट-टूट गिरती हैं
बुलबुलों की चीखें
लड़कियाँ चखनों में
गुलेल बाँधकर
चलती हैं,

सुनहरी किताब की जिल्द के ऊपर
पिता का डर
और अन्दर
प्यारे का खत है

सुना ! तुमने सुना !!
युवा सदी गाती है
इसी तरह, अक्षर-अक्षर
लुकछिप कर जाना आदत है
प्रेम की।
युवा सदी गाती है।

उसके बारे में

पता नहीं कितनी रिक्तता थी–
जो भी मुझमें होकर गुज़रा-रीत गया
पता नहीं कितना अन्धकार था मुझमें
मैं सारी उम्र चमकने की कोशिश में
बीत गया।

भलमनसाहत
और मानसून के बीच खड़ा मैं
आक्सीजन का कर्ज़दार हूँ
मैं अपनी व्यवस्थाओं में
बीमार हूँ।

खेवली

वहाँ न जंगल है न जनतन्त्र
भाषा और गूँगेपन के बीच कोई
दूरी नहीं है।
एक ठन्ढी और गाँठदार अँगुली माथा टटोलती है।
सोच में डूबे हुए चेहरों और
वहाँ दरकी हुई जमीन में
कोई फ़र्क़ नहीं है।

वहाँ कोई सपना नहीं है। न भेड़िये का डर।
बच्चों को सुलाकर औरतें खेत पर चली गई हैं।
खाये जाने लायक कुछ भी शेष नहीं है।
वहाँ सब कुछ सदाचार की तरह सपाट
और ईमानदारी की तरह असफल है।

हाय ! इसके बाद
करमजले भाइयों के लिए जीने का कौन-सा उपाय
शेष रह जाता है, यदि भूख पहले प्रदर्शन हो और बाद में
दर्शन बन जाय।
और अब तो ऐसा वक़्त आ गया है कि सच को भी सबूत के बिना बचा
पाना मुश्किल है।

•

ख़ून के बारे में कविता

सबसे पहले
मैंने उसे महसूस किया था माँ के शरीर में
वह रंग नहीं था उस वक्त।
स्वाद का पहला तजुर्बा था ज़ुबान पर
एक गीली और कोमल गर्माहट थी।
जो झिल्ली पर रोशनी की तरह
बजती थी। वह
पहला रोना था पृथ्वी पर।

दूसरी बार मैंने उसे बच्चे के
गालों पर देखा था। वह
डगमगाते हुए हर दूसरे कदम के लिए
कहता था "शाब्बाश"
और इतना ख़ुश था कि उत्साह में
दूध बन गया था दूसरी तरफ़
नीली नस-नाड़ियों के जाल में।

मैंने उसे एक युवा छात्र की नाक पर
देखा था तीसरी बार। जब
किताबों की आधी दुनिया

काली हो रही थी और फ़रिश्ते
भाषा के सामूहिक बलात्कार में मशगूल थे
वह दाँत की जड़ों में अध-जन्मे
कीड़े की तरह कुलबुला रहा था और
दीवारों की चौकसी के बावजूद
एक नारा बन गया था। भाषा की रात में।

चौथी बार मैंने उसे एक लड़की के
चमड़े में गाते हुए सुना था। वह
बेहद आलसी हो गया था पर
बेहद उत्तेजक। शब्दों को गुम करते हुए
उसने सारे रिश्ते पैताने खिसका दिए थे
और बेबाक चालाकी से
ख़ुद को
एक परिचित मादा ख़ुशबू में बदल
लिया था।

कंगले की पसलियों के चोर दरवाज़े पर
मैंने उसे देखा था पाँचवीं बार
समूचे जीवन से विदा लेते हुए
उसकी पीठ पर
एक पीली गठरी थी। जाते-जाते
उसने स्वास्थ्य-कामना की थी और
होठों से हँसी की तरह ग़ायब हो गया था

आख़िरी और आख़िरी बार। स्टैण्ड से
उल्टी बोलत में
रबर की एक लम्बी नली से वह
सरक रहा था। धीरे-धीरे

मृत्यु के ख़िलाफ़। छापामार
दस्ते के अगुआ की तरह
देह के जंगल में
जहाँ मौत ने अपना खेमा
गाड़ रखा था।

उसने मुझसे बुदबुदाकर कहा–
"कवि हो ! इस फौरी धावे में साथ दो।
और सुनो ! कविता मारती नहीं,
जानें बचाने की कोशिश में
पहल करती है।"

मैं हूँ

मुझे लिखो, मैं कटी हुई अँगुलियाँ हूँ
जिसे भूख ने खा लिया है।
मैं हूँ अथाह रुदन, अन्धकार के आर-पार
जिसे एक टूटे हुए हृदय ने
खुद को जोड़ने के लिए गा दिया है।

और तुम कहते हो कवि एक सुन्दर बग़ीचा है
जिससे अपने लिए तुम एक शब्द-फूल
तोड़ सकते हो। तोड़ो,
मगर मत भूलो कि इस बग़ीचे को
एक आदमी ने अपने ख़ून से सींचा है

एक बग़ीचा है जिसकी चारदीवारी के पीछे
कुछ भूखे बच्चे आँखमिचौनी खेल रहे हैं।
मत भूलो
कि कवि एक कुनबे का अगुआ है
जिसके सदस्य
आजादी को आक्रमण की तरह झेल रहे हैं।

कवि एक मजबूत बंकर है
जहाँ खाली वक्त में

तुम अपने जूते उतार सकते हो
बन्दूक टेक सकते हो
मगर मत भूलो कि कवि एक खौलता हुआ
आँसू है। रक्त-सिक्त उत्तप्त
जिससे तुम अपनी ठिठुरी हुई करुणा
सेंक सकते हो।

कवि एक लय है
थकान में गिरी हुई
क्या तुमने सुना ?
और तुम्हें खुशी है
मगर मत भूलो
कि कवि
व्यावहारिकता की
बटी हुई रस्सी से झूलती हुई
संवेदना की खुदकुशी है।

मेरी कविता

यह है
मेरी कविता : मेरा घर
महरी ! इसे झाड़ू से
मत बुहार
आँचल से साफ़ कर
क्या कहा–
भाषा–? देख उधर कोने में–
शब्दों के अर्थ भरे
कोने में रक्खी है
अरे भई ! वहाँ नहीं, वहाँ
आले पर
उस गिलास के पास
जिसमें मेरे दाँत रखे हैं
आ ऽऽ हाँ ऽऽ
गौर से
उठा और शब्द-शब्द
पोंछ
खूँटी पर टँगे हुए कुर्त्ते को मत निहार,
बेमतलब मत सोच,

चल !

अपना काम कर।

फटी हुई बाँह से

देश की ग़रीबी का

क्या मतलब।

आलोचक

वह तुम्हारी कविता का
एक शब्द सूँघता है
और
नाक की सीध में
तिजोरियों की ओर दौड़ता चला
जाता है।

और लो, उस गुर्राहट ने
सारे चेहरे खरोंच दिए,
एक टाँग उठाई
और मूत दिया

यह कुकुरमुत्ता है
गाँव में
बच्चे इसे छाता कहते हैं।

कविता के द्वारा हस्तक्षेप

जब मैं अपने ही जैसे किसी आदमी से बात करता हूँ,
साक्षर है पर समझदार नहीं है। समझ है लेकिन
साहस नहीं है। वह अपने ख़िलाफ़ चलने वाली
साज़िश का विरोध खुलकर नहीं कर पाता।
और इस कमज़ोरी को मैं जानता हूँ। लेकिन इसीलिए
वह आम मामूली आदमी मेरा साधन नहीं है
यह मेरे अनुभव का सहभागी है, बनता है।

जब मैं उसे भूख और नफ़रत और प्यार और ज़िन्दगी
का मतलब बतलाता हूँ—और मुझे कविता में
आसानी होती है—जब मैं ठहरे हुए को हरकत
में लाता हूँ—एक उदासी टूटती है, ठण्ढापन ख़त्म
होता है और वह जिन्दगी के ताप से भर जाता है।

मेरे शब्द उसे ज़िन्दगी के कई स्तरों पर खुद को
पुनरीक्षण का अवसर देते हैं, वह बीते हुए वर्षों
को एक-एक कर खोलता है।
वर्तमान को और पारदर्शी पाता है उसके आर-पार
देखता है। और इस तरह अकेला आदमी भी
अनेक कालों और अनेक सम्बन्धों में एक समूह

में बदल जाता है। मेरी कविता इस तरह अकेले को
सामूहिकता देती है और समूह क़ो साहसिकता।

इस तरह कविता में शब्दों के जरिए एक कवि
अपने वर्ग के आदमी को समूह की साहसिकता से
भरता है जब कि शस्त्र अपने वर्ग-शत्रु को
समूह से विच्छिन्न करता है। यह ध्यान
रहे कि शब्द और शस्त्र के व्यवहार का व्याकरण
अलग-अलग है। शब्द अपने वर्ग-मित्रों में कारगर
होते हैं और शस्त्र अपने वर्ग-शत्रु पर।

आज मैं लड़ रहा हूँ

फूलों की हँसी के ख़िलाफ़
ज़ंजीरें खनखना रही हैं
और रिश्ते–
मुहावरा बदलने की फ़िराक़ में हैं

आज अँधेरा है और खून
लगा हुआ है हाथों में
जिसे हमने हासिल किया है
वह पालने में नहीं–रक्त लथपथ
कराहों की बगल में पड़ा है।

बच्चे भूखे हैं :
माँ के चेहरे पत्थर,
पिता जैसे काठ : अपनी ही आग में
जले है ज्यों सारा घर,

पेशेवर गुलाबों की हँसी ने
ख़ारिज कर दिया है बसन्त
और कविता की नसों में
बहता हुआ ख़ून

ज़रूरत की जगह
ज़हमत बन गया है

अक्सर उठते हैं सवाल
कहाँ हैं युवा-जन ?
परिवर्तन के अग्नि-चक्र ?
क्षुधित इतिहास ?

पीले पत्ते–
पतझड़ की ओर उड़ते गए हैं ?
चुटकुलों-सी घूमती लड़कियों के स्तन
नकली हैं ? नकली हैं युवकों के दाँत ?

वे जबड़े जाम क्यों हैं
जिन्होंने खून की रपट पढ़ी है ?
मैं सुनता हूँ। उत्तर धीरे से
मुझमें उभरता है, जैसे काल कोठरी की
दीवार पर उभरते हैं शब्द :
कल सुनना मुझे–
जब दूध के पौधे झर रहे हों सफ़ेद फूल
निःशब्द पीते हुए बच्चे की ज़ुबान पर
और रोटी खाई जा रही हो चौके में
गोश्त के साथ। जब
खटकर (कमाकर) खाने की खुशी
परिवार और भाईचारे में
बदल रही हो– कल सुनना मुझे।
आज मैं लड़ रहा हूँ।

पराजय-बोध

मैं अपनी टाँगों में झूल रहा हूँ
मैं अपनी उबकाइयों पर फूल रहा हूँ
एक शब्द जो मुझे ऐन इस मौके पर याद आना चाहिए था :
(बम–नहीं–बम–नहींतम–नहीं)
भूल रहा हूँ।
मेरे हाथ काले हैं
मेरी आँखों में जाले हैं
मेरी ज़ुबान चुप है
होठों पर ताले हैं।
टखनों में जाड़ा है
मेरा जीवन लार टपकाती हुई नेकर का नाड़ा है।
मुझ मेरे दर्द ने पिछाड़ा है।

मृत्यु-चिन्ता

कोई जिया नहीं
पकी हुई फसलों की मृत्यु

सारे इतिहास रहे खेत,
अँगुली के पोरों के नीचे तड़पा किए
ऐंठती अँतड़ियों से–
भरे हुए पेट :

एक भी हथेली नहीं ऐसी है–
क्रास भरे चेहरों ने
जिस पर उँड़ेला नहीं
सागर की बूँद-बूँद देह
वज्रपात ! हिमपात !!

ब्रेक लगी गाड़ी के
झटके-सा वीर्य-पात
रोगिणी दिशाओं में अविरल प्रमेह,
गर्भपात ! गर्भपात !!

बच्चों की आँखों में
छाया अभिशाप की
बूढ़ों के चेहरों पर
परछाईं पाप की।

प्रवेश-पत्र

अपनी हड्डियों से दुनिया थहाने
का वक्त नहीं है, लड़खड़ाते
पैरों से राह नापने का वक्त
यह नहीं है, चोरों को सुविधा
मिली है और तुम्हें
हकारता हुआ देखता हूँ
यह देश बहुत बड़ा है
तुम अपनी भूख से इसे
भर नहीं सकते।

आओ अचरज वहाँ पड़ा है, उसमें
जहाँ बनिए की आँख बनैले जानवर
सी जल रही है।

आओ ! मेरी आत्मा अन्धी है '
मेरा दुख पीठ पर बँधा है
बसन्त सिर्फ पेड़ों की आदत का
हिस्सा है,
जहाँ छायाओं में झुलसे हुए
चेहरे लेटे हुए हैं।

गाँव में कीर्तन

रात में—
बजती हैं डफलियाँ।
कीर्त्तन की झाड़ियों के पीछे
अपराध स्वीकार के सामूहिक उत्साह में
भाषा
शब्दहीन
ताँत के नीचे पड़ी हुई रूई की तरह
टूटती है।
उमंग के तीसरे तहख़ाने में
एक चेहरा नंगा हो जाता है।
और तभी आते हैं काले घुड़सवार,
और डफों में
सूराख़ कर देते हैं।
कोई विरोध नहीं करता।

आसमान से एक तारा टूटता है और सुबह की
शुरुआत में गिर पड़ता है।
आकाश गंगा की सरहदों पर बजने वाली
जल तरंग

(जिसे गाँव वाले रात की आँत कहते हैं)
पत्तों पर और घासों की नोक पर
किसी बच्चे की तुतली अवाज-सी
झिलमिलाती है।
रंगों की मुहर तोड़कर, सूरज
फसलों की एक पूरी दुनिया सामने रख देता है
मगर कोई ध्यान नहीं देता।
लोग या तो दातौन की तलाश
करते हैं या मरे हुए चूने के पानी में
चमड़ा भिगोते हैं
या ख़ून के भीतर ताश के पत्ते फेंकते हुए
दीवार की बगल में चारपाई खींचकर
दिन चढ़े तक सोते हैं।

एक बेआवाज़ परछाईं
उतरती है और आदमी के
चौड़े चकले चेहरे को पार करती हुई
सीवान में गुम हो जाती है।
धीर-धीरे
दोपहर होती है
एक औरत आँगन में बैठकर पुतड़ा धोती है
एक रुआँसा लड़का
मदरसे से वापस आता है
चारपाई पर
दायीं करवट लेटा हुआ बाप
बेटे की कमीज़ पर गिरी हुई स्याही
देखकर
उसकी पढ़ाई के बारे में निश्चिन्त

हो जाता है।
कोई किसी से कुछ नहीं पूछता।

हर आदमी चुपचाप
नींद और कीर्त्तन के बीच का जागरण
तय करता है, यह सोचते हुए कि आदमी

कुछ नहीं करता
जो कुछ करता है समय–
करता है।

मेरे गाँव में हर रोज़ ऐसा ही होता है।

नफ़रत की आड़ में
चीजें अपना चेहरा उतार कर रख देती हैं
वक्त के फ़ालतू हिस्सों में
खेतों के भद्दे इशारे गूँजते हैं।
ग्राम-सभा की लालटेन का शीशा टूट चुका है।

नलकूपों की नालियाँ झरना हो गयी हैं
उनमें अब लाठियाँ बहती हैं। और पानी की जगह
आदमी का ख़ून रिसता है।

गाँव की सरहद
पार करके कुछ लोग
बगल में बस्ता दबाकर कचहरी जाते हैं
और न्याय के नाम पर
पूरे परिवार की बरबादी उठा लाते हैं

यद्यपि
उनकी ज़रूरतों के लिए मैं अपना पूरा कन्धा

दे देना चाहता हूँ
मगर टूटते हुए परिवार में
धनुषटंकार झेलते हुए जवान-बछड़े-सा
कराहता हूँ

मेरे गाँव में
वही आलस्य, वही ऊब
वही कलह, वही तटस्थता
हर जगह और हर रोज़
और मैं कुछ नहीं कर सकता
मैं कुछ नहीं कर सकता
मैं सोचता हूँ और तभी
एक खिलखिलाहट मेरी बगल में उभरती है
चालाक गिलहरियों का पीछा करती हुई दुधमुही 'तिनी'
(मेरी बच्ची) किलक उठी है
मैं चौंक पड़ता हूँ–

नहीं–इन दिनों बात-बात पर
इस तरह उदास होना
ठीक नहीं है
मैं देखता हूँ–मुझे बरजती हुई
उसके चेहरे पर एक खुली हुई हँसी है–
जिसमें एक भी दाँत
शरीक नहीं है।

ओ बैरागी : पं. शान्तिप्रिय द्विवेदी

अक्सर तुम्हें देखा है–
अस्सी की सँकरी-सी अस्त-व्यस्त सड़कों पर
धुँधरौही-साँझ को धुमैली परछाईं में–
किरणों की छाती से
रोशनी निचोड़कर पीता अन्धेरा जब।

अक्सर तुम्हें देखा है–
रीता अन्धेरा जब
गंगा की लहरों में, भोर को बुलाते हुए–
मौन-मन्त्रस्त्रष्टा-से
जीवन युग-द्रष्टा-से।
अक्सर तुम्हें देखा है–
(सोचा है देख-देख)
अन्तर्मन तुम्हारा एक खड़िए का टुकड़ा है।
जीवन की अनगिन
अनकही परिभाषाओं को
जिससे आकार मिला–
शब्दों को अर्थ मिला–
भावाभिव्यक्ति मिली
सत्य को दुलार और

सपनों को प्यार मिला।
किन्तु तुम्हें दुनिया ने कोने में फेंक दिया
(अकथनीय दुखड़ा है)

फ़िर भी बैरागी ओ !
तुम पी रहे गरल,
दे रहे सदा समिय,
शान्ति प्रिय ! शान्ति-प्रिय !!

धूमिल की अन्तिम कविता

शब्द किस तरह
कविता बनते हैं
इसे देखो
अक्षरों के बीच गिरे हुए
आदमी को पढ़ो
क्या तुमने सुना कि यह
लोहे की आवाज़ है या
मिट्टी में गिरे हुए ख़ून
का रंग।

लोहे का स्वाद
लोहार से मत पूछो
उस घोड़े से पूछो
जिसके मुँह में लगाम है।

—दिनांक 14-1-75 को लिखी गई धूमिल की अन्तिम कविता, जब वे भीषण सिरदर्द से पीड़ित थे और दृष्टि एकदम कमजोर हो चुकी थी। छोटे भाई लोकनाथ पाण्डेय से बोले—"जरा कागज-पेंसिल लाओ, देखें—दृष्टि कमजोर हो गई है, चश्मा बगैर लिख पाता हूँ या नहीं"। कागज-पेंसिल मँगवा कर ये पंक्तियाँ लिखीं।

इस कविता की अन्तिम चार पंक्तियाँ 'आलोचना' अंक 33 के सौजन्य से।

□□